Lindemann Group

Peter Schießl

CorelDRAW 2023

Schulungsbuch mit Übungen

Symbole anders angeordnet?
Fenster/Arbeitsbereich/Standard
(nicht bei Essentials)

ISBN 979-8-858219-48-4
Print on Demand since Aug. 2023
V240928 / Lindemann Group

Herausgeber: Lindemann BHIT, München
Postanschrift: LE/Schießl, Fortnerstr. 8, 80933 München
© Dipl.-Ing. (FH) Peter Schießl, München

Kontakt: E-Mail: post@kamiprint.de Fax: 0049 (0)89 99 95 46 83
www.lindemann-beer.com / www.kamiprint.de

Dieses Buch wurde anhand einer vollständigen Installation von
CorelDraw 2023 im August 2023 erstellt. Abweichungen von den Beschreibun-
gen und Abbildungen sind durch eine benutzerdefinierte Installation oder Ver-
änderungen durch andere installierte Software oder infolge Updates möglich.

Inhaltsverzeichnis

1. Grundlagen

In diesem Buch wird CorelDRAW systematisch und mit vielen Übungen vorgestellt. Damit Sie jedoch mit diesem leistungsfähigen Programm etwas anfangen können, müssen auch Sie einige Voraussetzungen mitbringen, allgemeine Computer- und Windows-Grundkenntnisse, z.B. routinierter Umgang mit der Maus und Tastatur, in Ordner aufgeräumt speichern, eine Datensicherung auf externem Speichermedium erstellen, Programme starten und schließen, die Fenstergröße einstellen usw.

Sie ersparen sich dadurch Frustrationen und werden anschließend mehr Spaß mit den Corel-Programmen haben.

1.1 Die Corel-Familie (Auswahl)

Bei Corel bekommen Sie ein Programmpaket. Die wichtigen Bestandteile werden hier kurz vorgestellt, die anderen Programme sind selten erforderlich.

Die Hauptbestandteile:

- ◆ CorelDRAW ist das vektororientierte Grafikprogramm für Präsentationen, Werbeblätter, Plakate, Visitenkarten usw.

    - ✎ Einige Funktionen aus Corel PHOTO-PAINT zur Bildbearbeitung sind in CorelDRAW integriert, so dass ein Wechsel zu PHOTO-PAINT oft nicht erforderlich ist.

- ◆ Corel PHOTO-PAINT dient zur Bearbeitung Fotos. Fotos im Computer werden beim Scannen oder von einem digitalen Fotoapparat Punkt für Punkt gespeichert (Pixel (engl.) = Bildpunkt).

Nach der Installation finden Sie auf dem Desktop die Symbole:

Die beiden Hauptprogramme sind: CorelDRAW zum Zeichnen und Photo-Paint für Fotobearbeitung.

Alle enthaltenen Programme, wie Corel Capture (Bilder vom Bildschirm erstellen) oder den Font Manager (Schriften verwalten), Duplexing Wizard, finden Sie bei Start/Corel..., wobei, je preiswerter die Ausgabe, umso weniger enthalten ist, die Essentials-Edition enthält daher nur CorelDraw und Photo-Paint.

Dienstprogramme:

♦ **Corel Assets** (früher Connect) ist ein Hilfsprogramm, das online abrufbare ClipArts und Fotos von Corel darstellt, und zusätzlich können die Inhalte der Corel Cloud eingesehen oder verwendet werden.

    ↳ Im Corel über **Fenster/Andockfenster/Assets** startbar.

Zusatzprogramme können Sie im CorelDRAW bei dem Symbol oben rechts starten:

Je nach Ausgabe sind mehr oder weniger **Zusatzprogramme** enthalten.

Diverse Zusatzprogramme und Erweiterungen, z.T. auch kostenlos, sind bei „Weitere…" zu finden.

1.2 Der Arbeitsbereich (nicht bei Essentials)

Im Willkommensbildschirm oder bei **Fenster** ist eine Voreinstellung für den **Arbeitsbereich** zu wählen: **Lite**, **Standard**, **Touch** oder diverse für **Spezialgebiete**.

♦ Je nach Wahl sind die Symbole und Befehle etwas anders angeordnet.

    ↳ Falls also die Abbildungen in diesem Buch nicht mit Ihrer Corel-Oberfläche übereinstimmen, prüfen Sie den gewählten Arbeitsbereich, außerdem werden Symbole bei verkleinerter Fensterdarstellung oder Bildschirmen mit niedriger Auflösung auch verkleinert, bzw. reduziert, z.B. ohne Beschriftung, angezeigt.

 ♦ Wir verwenden im Folgenden den Arbeitsbereich „Standard", die übliche Einstellung.

    ↳ **Lite** ist möglichst reduziert, **Touch** ist für Geräte mit berührungssensitiven Bildschirmen optimiert.

Symbole anders angeordnet?
Fenster/Arbeitsbereich/Standard
(nicht bei Essentials)

1.3 Vorüberlegungen

Jede Arbeit muss zu dem Kunden passen. Darum sollten Sie sich zuerst Gedanken über Ihre **Zielgruppe** machen.

♦ Werbung für ein Musikgeschäft oder ein Autohaus?

♦ Geburtstagsparty für die 4 oder 14 Jahre alte Tochter oder Weihnachtsfeier in der Firma?

Allgemein gilt: je jüngere Kunden, umso bunteres, modischeres Design.

Welche Qualitätsansprüche sind für den Ausdruck erforderlich?

Gute Tintenstrahl-Farbdrucker reichen auch heute noch nicht für geschäftliche Werbung und auch mit einem Farblaserausdruck ist bei hochglanzverwöhnten Kunden kein Eindruck zu machen.

2. Vektor oder Pixel?

CorelDRAW ist ein Vektor-Zeichenprogramm, während Corel PHOTO-PAINT die Bilder als Pixel-Grafiken speichert.

2.1 CorelDRAW und Photo-Paint

Wozu CorelDRAW, wozu Corel Photo-Paint? In der Praxis werden meist beide Programme benötigt.

- Photo-Paint, um Fotos zu bearbeiten. Fotos im Computer sind sogenannte Pixelbilder, da einfach für jeden Punkt die Farbe gespeichert wird.
- CorelDRAW, um diese Fotos mit Text und gezeichneten Grafikelementen zu kombinieren, damit z.B. eine Präsentationsfolie, ein Werbeblatt oder ein Plakat entsteht.

Diese Arbeitsteilung resultiert aus einem gewichtigen Unterschied zwischen den beiden Programmen, der im Folgenden erläutert wird.

2.2 Vektor-Zeichnungen

Gezeichnete Elemente (Linien, Kreise, Rechtecke …) werden als mathematische Funktionen (Vektoren) gespeichert: Linie von Punkt x_1,y_1 nach x_2,y_2 mit Liniendicke z und Linienfarbe u.

Bei einer Linie wird folglich die Koordinate des Anfangs- und des Endpunktes vermerkt, zusätzlich die Liniendicke -farbe und -art.

- Jedes gezeichnete Element kann somit nachträglich in der Größe oder den Eigenschaften geändert oder verschoben werden.
- Selbst bei enormer Vergrößerung bleiben die Linien immer scharf.

Neben CorelDRAW gibt es zahlreiche andere vektororientierte Zeichenprogramme, daher auch einige unterschiedliche Dateiendungen, die von diesen Programmen verwendet werden.

> Natürlich sind alle CAD-Programme ebenfalls Vektor-Programme (Computer Aided Design = Computerunterstütztes Zeichnen, Programme für technisches Zeichnen).

2.3 Fotos sind Pixel-Bilder

Ähnlich wie bei dem Bildschirm wird ein Foto aus vielen Punkten zusammengesetzt. Zu jedem dieser Punkte (=Pixel) wird die Farbe gespeichert. Ihr Bildschirm könnte das Bild je nach Einstellung z.B. aus 1920 horizontalen und 1080 vertikalen Punkten aufbauen (=Full-HD-Auflösung).

Daraus erklärt sich, dass Bilddateien ziemlich groß werden und folgendes Problem entsteht: kleine Datei – schlechte Bildqualität oder gute Bildqualität – große Datei.

Werden Pixelbilder schlechter Qualität vergrößert, treten die Punkte deutlich hervor. Anstatt gerader Linien sind Treppenstufen wie auf alten Nadeldruckern erkennbar.

Übersicht Pixel-Grafiken:

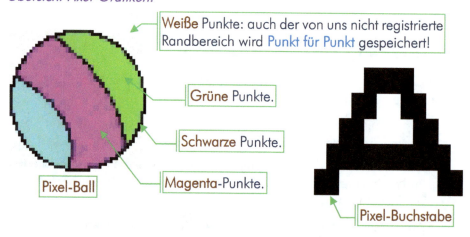

Weiße Punkte: auch der von uns nicht registrierte Randbereich wird Punkt für Punkt gespeichert!

Grüne Punkte.

Schwarze Punkte.

Magenta-Punkte.

Pixel-Ball

Pixel-Buchstabe

Komprimieren (vereinfachte Erklärung):

♦ Selbst "leere" weiße Flächen werden Punkt für Punkt gespeichert, oder präziser ausgedrückt, wenn Fotos Flächen mit geringen Farbdifferenzen aufweisen, etwa blauer Himmel, ist eine hohe Komprimierung möglich:

   ↳ Die Formel: ab jetzt **1000 x weißer Punkt kann kürzer als 1000 weiße Punkte** gespeichert werden. Oder wieder präziser: anstatt AAABBBBBCCCC kann eine Formel dies kürzer als „3A5B4C" speichern.

   ↳ Darum können Bilder mit einheitlichen Bereichen (z.B. gleichmäßig blauer Himmel) wesentlich stärker komprimiert werden als total bunte Bilder.

   ↳ Zusätzlich werden weitere Methoden angewandt, z.B. eine Reduzierung der Details und Farbunterschiede und eine Aufteilung in **Blöcke** mit je 8x8 Punkten.

♦ Nachteile: bei jedem Laden oder Speichern muss der Computer die Komprimierung berechnen sowie ein geringer Qualitätsverlust, der allerdings erst bei hohen Komprimierungsraten auffällt.

> Die beste Komprimierung erreicht das jpg-Dateiformat, welches sich darum zum Standardformat für Fotos entwickelt hat. Im PHOTO-PAINT Datei/Speichern unter wählen und als Dateityp jpg wählen.

jpg

2.4 Im Vergleich

Aus den Unterschieden der beiden Formate erklären sich die Vor- und Nachteile.

Vorteile von Vektorgrafiken (CorelDRAW):

- **kleine Dateien** mit scharfen, präzisen Linien und Kanten,
- **Objekte** (z.B. Rechteck, Kreis) können beliebig verändert werden,
- **Spezialeffekte** sind möglich, z.B. Schatten zu einem Text ergänzen.

Wofür dann überhaupt noch Pixel-Grafiken (Photo-Paint)?

- Pixel-Grafiken sind ein unumgängliches Übel, weil jeder **Scanner** ein Bild Zeile für Zeile, Punkt für Punkt abtastet und dabei die Farbe eines jeden Punktes speichert.
  - ↳ Auch ein **digitaler Fotoapparat** speichert das Bild Punkt für Punkt, z.B. aus 10 Millionen Punkten pro Bild.

> Somit sind alle digitalen Fotos Pixelbilder.

- Ein anderer Anwendungsfall für ein Pixel-Programm ist das **Malen** wie mit Pinsel und Farbe auf eine Leinwand. Viele Werbegrafiken benutzen diesen Effekt z.B. für Pseudo-Kinderbilder.

Malen wie mit Pinsel und Farbe auf Leinwand

geht in Corel Photo-Paint: alles wird übermalt, weshalb sich wie in der Natur der vorherige Zustand nicht immer wiederherstellen lässt.

> Die Grenze zu CorelDRAW verläuft hier jedoch fließend. Detailliertes Malen bis Zeichnen, z.B. ein winterliches Haus mit Schnee auf dem Dach und einem rauchenden Schornstein, ist in CorelDRAW bereits sinnvoller, weil jederzeit korrigiert und geändert werden kann und weil z.B. ein Fenster nur einmal gezeichnet, dann beliebig oft kopiert wird.

2.5 Arbeitsteilung in der Praxis

- Zuerst die Bilder oder Fotos in PHOTO-PAINT aufbereiten:
  - ↳ Bilder scannen oder nachbearbeiten (Objekte herausschneiden, Helligkeit korrigieren usw.),
- dann die Präsentation in CorelDRAW fertig stellen:
  - ↳ Bilder laden, Text und eigene Zeichnungselemente ergänzen.
- Betrachten Sie **Werbeprospekte**: dort sind Fotos (Photo-Paint) mit anderem Hintergrund und Text kombiniert (CorelDRAW).

Wofür CorelDRAW	Wofür PHOTO-PAINT (Pixel)
Präsentationen	Bilder scannen und nachbearbeiten (z.B. Helligkeit korrigieren, Ränder wegschneiden …).
Werbeblätter	Fotos bearbeiten (z.B. einen Bildausschnitt erstellen).
Titelblätter	Bilder, ClipArts in Pixelformaten malen oder bearbeiten.
Malen (detailliert)	Malen (wie von Hand, grob, „einfache Kinderbilder").
Zeichnungen	Objekte aus Fotos herausschneiden (freistellen), z.B.
Visitenkarten usw.	eine Person. Dieses Objekt kann in andere Dateien oder Fotos eingefügt werden.

Im PHOTO-PAINT nach Möglichkeit keinen Text ergänzen, da auch Text in Pixelmuster umgewandelt wird und nachträglich schlecht verändert werden kann. Besser im PHOTO-PAINT nur reine Fotos bearbeiten und Texte erst im CorelDRAW hinzufügen.

Doch auch CorelDRAW ist nicht für Textverarbeitung in großem Umfang ausgelegt. Bei sehr viel Text die Bilder in Photo-Paint, die Grafikelemente in CorelDRAW vorbereiten und in einem modernen Textverarbeitungsprogramm importieren und mit Text zusammenstellen (Layout). Wenn im Corel gezeichnete Grafikelemente in das wmf- oder emf-Format exportiert werden, lassen sich diese problemlos in alle Microsoft-Programme einfügen.

2.6 Essentials, Standard und Professional

Nach dem rapidem Preisverfall für Software in den letzten Jahren, der großen Anzahl an sogar kostenlosen Programmen, hat Corel nun nachgezogen und bietet die preiswerte Essentials-Ausgabe sowie natürlich auch günstige Home and Student Editionen an.

Aktuell, Stand Juli 2023, gibt es die Essentials und Home and Student Editionen nur für die Version 2021.

Sie erhalten mit diesen günstigen Editionen ein fast vollwertiges CorelDraw-Grafik und Photo-Paint-Programm. Lediglich einige Funktionen, die wirklich nur für professionelle Anwender interessant sind wie programmunterstütztes perspektivisches Zeichnen oder der Blockschatten sowie die Farbauszüge und Druckvorstufe-Funktionen sind der Suite vorbehalten.

Und die Beigaben, etwa ´die vielen frei verwendbare ClipArts und um die hochauflösende Fotos, sind bei der Essentials- und Home and Student-Ausgabe nicht enthalten.

Eine Übersicht von Corel finden Sie im Internet bei:

https://www.coreldraw.com/de/product/home-student/#compare

> Darum ist dieses Buch, als Einführung in die Grafikbearbeitung, für alle Versionen geeignet.

2.7 Die Dateitypen

2.7.1 Theorie Dateiendung

Es gibt sehr viele verschiedene Zeichen- und Malprogramme. Jedes dieser Programme verwendet eine spezifische Dateiendung. Warum?

- ♦ Der Dateiname kann ab Windows 95 bis zu 255 Buchstaben lang sein. Selbst Leertasten und übliche Sonderzeichen dürfen verwendet werden, jedoch kein „\" (Backslash, trennt Ordner).

- ♦ Die Dateiendung besteht meist aus drei oder vier Buchstaben, vom Dateinamen durch einen Punkt getrennt.
  - ↳ Zusätzlich wird ein Symbol für jeden Dateityp und ein erläuternder Text, z.B. „Dateityp CorelDRAW Grafik", angezeigt.
  - ↳ Dateiendungen zeigen also an, mit welchem Programm eine Datei erstellt wurde.

- ♦ Zur Veranschaulichung:
  - ↳ Dateiname.cdr (cdr als Dateiendung für CorelDRAW).
  - ↳ Dateiname.cpt (cpt als Dateiendung für Corel Photo-Paint).

2.7.2 Dateiendungen anzeigen

Es ist also praktisch, die Dateiendungen zu sehen. Seit Windows 95 werden die Dateiendungen leider nicht mehr automatisch angezeigt. Eine Kurzanleitung für Windows 10, wie Sie das ändern können:

- ♦ Windows Explorer starten, dort auf der Karteikarte Ansicht ganz rechts die Optionen öffnen, zur Karteikarte Ansicht und dort die Optionen „Erweiterungen bei bekannten Dateitypen ausblenden" abschalten:

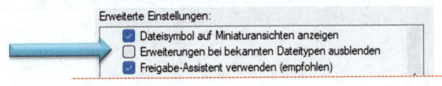

- ♦ Ab Windows 11 im Windows Explorer auch direkt bei Anzeigen/Einblenden/Dateinamenerweiterungen zu finden.

2.7.3 Dateitypen umwandeln

In der Regel können Dateien nur in dem Ursprungsprogramm weiterbearbeitet werden. Nicht jedoch bei guten Grafikprogrammen: in Corel kann praktisch jede Bild- oder Grafikdatei importiert werden.

- ♦ Bei der Standardinstallation werden nicht alle Import- und Exportfilter geladen! Ggf. nachinstallieren. Hierfür das Corel Setup erneut starten und die gewünschten Dateiformate nachladen.

- ♦ ClipArts und andere Vektor-Dateien sollten nie in PHOTO-PAINT geöffnet werden, da dies durch die Umwandlung in das Pixelformat einen Qualitätsverlust bedeutet!

> PHOTO-PAINT ist für Fotos (=Pixelbilder),
> CorelDRAW für Vektor-Zeichnungen!

2.7.4 Beispiele Dateiendung

Eine gewisse Kenntnis der Dateiendungen ist nützlich, um die Dateitypen zu erkennen:

Dateiendungen für Vektorgrafiken (Zeichnungen, Grafiken)	
cdr	CorelDRAW-Zeichnung
ai	Adobe Illustrator-Datei.
eps	Encapsulated Postscript: ein Standardformat für Vektorgrafiken, ursprünglich Druckersprache von Adobe.
dwg	AutoCAD-Zeichnung (Abkürzung von Drawing).
wmf	Windows Metafile: ein von Microsoft verwendetes Format, daher z.B. in Word problemlos verwendbar, ebenso emf (enhanced metafile).

Auch die beigegebenen ClipArts sind wie die CorelDRAW-Zeichnungen im cdr-Format gespeichert und könnten daher auch umgezeichnet werden.

Dateiendungen für Pixel-Grafiken (Fotos, gemalte Bilder)	
cpt	Corel Photo-Paint-Bild
pcx	Früher waren viele ClipArts in diesem Format gespeichert. Durch Paintbrush ehemals große Verbreitung.
bmp	Bitmap: Windows-Hintergrundbilder waren früher in diesem Format gespeichert. Heute selten, da ohne Komprimierung!
tif	Target Image File: früher Standard-Format für gescannte Bilder.
gif	Grafik Image File: Gute Komprimierung, daher empfehlenswert für Pixel-Grafiken, aber max. 256 Farben, zu wenig für Fotos.
png	Portable Network Graphic: mit verlustfreier Komprimierung
pcd	Kodak-Foto-CD-Bilder: hervorragende Bildqualität, dementsprechend große Dateien. Beim Kopieren auf die Festplatte kann das Bild der gewünschten Qualität entsprechend verkleinert werden.
jpg	Sehr gute Komprimierung, daher sehr zu empfehlen, besonders für das Internet, daher auch seit 1992 das Standardformat für digitale Fotos, auch fast jeder digitale Fotoapparat speichert in diesem Format, meist mit sehr hoher Komprimierung.
jp2	JPEG2000 sollte der Nachfolger von jpg mit verbesserter Komprimierung und zusätzlichen Informationen werden, konnte sich aber nicht durchsetzen, jpg war einfach schon zu gut und verbreitet.
jpg XL AVIF	Neuere verbesserte jpg-Formate mit besserer Komprimierung und Qualität, die Chancen hätten, jpg abzulösen, wenn sie sich nicht gegenseitig behindern würden (AVIF von Google gegen jpg XL).
raw	Ohne Komprimierung = ohne Qualitätsverlust, von Profis verwendet.

Im Internet sind, besser waren, die Übertragungszeiten das Problem, weshalb Bilder möglichst klein sein sollten: für Internet-Bilder jpg für Fotos, gif für gezeichnete Elemente verwenden.

2.8 Das Fenster „Lernen"

Praktisch und hilfreich ist das Fenster „Lernen", das rechts eingeblendet wird. Dort finden Sie Informationen und Anleitungen zu dem gerade gewählten Werkzeug und können mit den unten eingeblendeten Hyperlinks gründlichere Hilfetexte nachlesen.

Mit diesem X alle Fenster oder mit dem X bei jedem Karteireiter nur das jeweilige Fenster schließen.

Wegklappen oder Aufklappen.

Zu geöffneten Fenstern durch Anklicken wechseln.

Wenn Sie die Maus darüber bewegen, erscheint ein x-Symbol, mit dem diese Andockfenster geschlossen werden können. Bei Fenster/Andockfenster, dann entweder Lernen, Eigenschaften oder Objekte, könnten diese wieder geöffnet werden.

Hilfetexte zu ausgewählten Themen und von diesen zurück unten mit dem Haus-Symbol.

zurück zu dieser Startseite (Home).

Sobald Sie einige Hilfetexte geöffnet haben, können Sie hier vor und zurück blättern.

Übungen, die Sie nachmachen sollten, finden Sie in diesem Buch folgendermaßen gekennzeichnet:

➢ **Schließen** Sie alle geöffneten Andockfenster (rechts im Corel), diese brauchen wir vorerst nicht und können diese bei Bedarf jederzeit wieder bei Fenster/Andockfenster öffnen.

Erster Teil

ZEICHNEN

mit Rechtecken, Ellipsen, Linien, Farben

Symbole anders angeordnet?
Fenster/Arbeitsbereich/Standard
(nicht bei Essentials)

3. Erste Schritte

3.1 Corel starten

Starten Sie CorelDRAW über das Startsymbol auf dem Desktop oder aus dem Windows-Startmenü bei CorelDRAW…:

CorelDRAW empfängt Sie mit diesem Willkommen-Bildschirm:

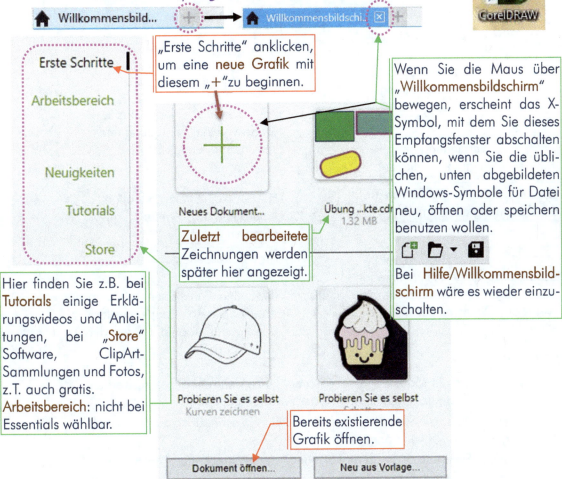

„Erste Schritte" anklicken, um eine **neue Grafik** mit diesem „+"zu beginnen.

Wenn Sie die Maus über „Willkommensbildschirm" bewegen, erscheint das X-Symbol, mit dem Sie dieses Empfangsfenster abschalten können, wenn Sie die üblichen, unten abgebildeten Windows-Symbole für Datei neu, öffnen oder speichern benutzen wollen.

Bei Hilfe/Willkommensbildschirm wäre es wieder einzuschalten.

Zuletzt bearbeitete Zeichnungen werden später hier angezeigt.

Hier finden Sie z.B. bei **Tutorials** einige Erklärungsvideos und Anleitungen, bei „**Store**" Software, ClipArt-Sammlungen und Fotos, z.T. auch gratis.
Arbeitsbereich: nicht bei Essentials wählbar.

Bereits existierende Grafik öffnen.

Beginnen wir die erste Zeichnung:

➢ Wählen Sie auf einem der beschriebenen Wege eine **neue Grafik**.

    ↳ Ohne den obigen Willkommen-Bildschirm geht dies wie in jedem anderen Programm mit den Symbolen oben links (Neu/Öffnen).

➢ Im erscheinenden **Fenster zur Vorauswahl** z.B. der Zeichnungsgröße erstmal nur auf **Querformat** und **Einheit mm** umschalten, dann zunächst mit OK bestätigen.

3.2 Die Zeichenfunktionen im Überblick

Bevor wir Schritt für Schritt das Zeichnen beginnen, folgt hier zunächst eine Übersicht über die Zeichenwerkzeuge von Corel. Diese befinden sich in der Hilfsmittelpalette am linken Rand:

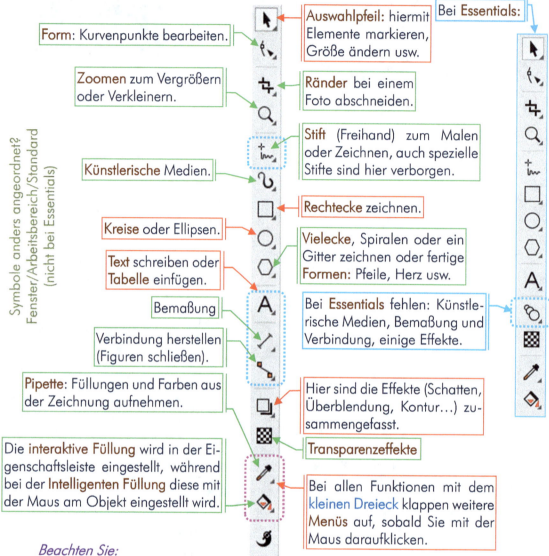

Bei Essentials:

Auswahlpfeil: hiermit Elemente markieren, Größe ändern usw.

Form: Kurvenpunkte bearbeiten.

Zoomen zum Vergrößern oder Verkleinern.

Ränder bei einem Foto abschneiden.

Stift (Freihand) zum Malen oder Zeichnen, auch spezielle Stifte sind hier verborgen.

Künstlerische Medien.

Symbole anders angeordnet? Fenster/Arbeitsbereich/Standard (nicht bei Essentials)

Rechtecke zeichnen.

Kreise oder Ellipsen.

Vielecke, Spiralen oder ein Gitter zeichnen oder fertige Formen: Pfeile, Herz usw.

Text schreiben oder Tabelle einfügen.

Bemaßung

Bei Essentials fehlen: Künstlerische Medien, Bemaßung und Verbindung, einige Effekte.

Verbindung herstellen (Figuren schließen).

Pipette: Füllungen und Farben aus der Zeichnung aufnehmen.

Hier sind die Effekte (Schatten, Überblendung, Kontur...) zusammengefasst.

Transparenzeffekte

Die interaktive Füllung wird in der Eigenschaftsleiste eingestellt, während bei der Intelligenten Füllung diese mit der Maus am Objekt eingestellt wird.

Bei allen Funktionen mit dem kleinen Dreieck klappen weitere Menüs auf, sobald Sie mit der Maus daraufklicken.

Beachten Sie:

♦ Wenn Sie die Maus auf einem Symbol kurze Zeit ruhen lassen, werden Name und Kurzbeschreibung zu der Funktion gemeldet.

♦ Rechts im Lernen/Hinweis-Fenster wird eine Beschreibung zu der aktuell gewählten Funktion angezeigt.

♦ Wenn Sie etwas zeichnen wollen, zuerst die entsprechende Funktion auswählen (Rechteck, Linie usw.)!

♦ Wenn Sie etwas ändern oder einstellen wollen, zuerst mit dem Auswahlpfeil das betreffende Objekt markierten.

   ↳ Gerade Anfänger vergessen oft, auf das Auswahlwerkzeug umzuschalten und zeichnen deshalb viele neue Miniobjekte.

   ↳ Wenn Sie unbeabsichtigt etwas gezeichnet haben, mit Rückgängig rückgängig machen oder mit der [Entf]-Taste löschen.

Versehentlich gezeichnete Miniobjekte erschweren die Auswahl anderer Objekte und sind oft erst beim Ausdruck als Fehler erkennbar!

3.3 Rechteck ändern, verschieben, löschen

Ein Rechteck eignet sich am besten, um viele Zeichenfunktionen am einfachsten zu erklären. Nach dem Zeichnen sind in der Regel alle Elemente erst einmal an die richtige Stelle zu schieben und auf die richtige Größe anzupassen.

Probieren Sie es aus:

➢ Rechteck-Werkzeug wählen, dann mit gedrückter Maustaste ein Rechteck zeichnen.

➢ Sofort zum Auswahlpfeil umschalten, damit nicht versehentlich neue Rechtecke gezeichnet werden.

Die Anfasserpunkte erscheinen. Wenn die Anfasserpunkte sichtbar sind, ist das Rechteck markiert und Sie können das Rechteck positionieren:

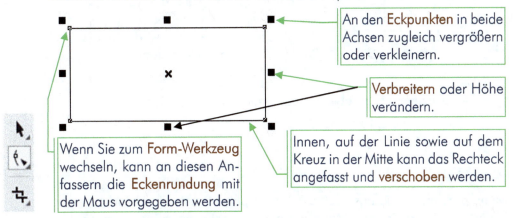

An den Eckpunkten in beide Achsen zugleich vergrößern oder verkleinern.

Verbreitern oder Höhe verändern.

Wenn Sie zum Form-Werkzeug wechseln, kann an diesen Anfassern die Eckenrundung mit der Maus vorgegeben werden.

Innen, auf der Linie sowie auf dem Kreuz in der Mitte kann das Rechteck angefasst und verschoben werden.

➢ Verbreitern Sie das Rechteck nach rechts.

➢ Verschieben Sie das Rechteck.

➢ Vergrößern Sie das Rechteck in beide Achsen an einem Eckpunkt.

➢ Löschen Sie das Rechteck: markierte Elemente können mit der [Entf]-Taste gelöscht werden.

Zum Bearbeiten gilt immer:

♦ Element anklicken, damit die Anfasserpunkte erscheinen.

   ↳ jetzt können Sie an den Anfasserpunkten die Größe ändern oder

   ↳ auf dem Element anfassen und verschieben oder

   ↳ das ausgewählte Teil mit [Entf] löschen.

3.4 Rechteck drehen oder verzerren

Corel bietet noch weitere äußerst nützliche und dabei sehr einfach zu bedienende Funktionen, z.B. um aus einem Rechteck ein Parallelogramm zu machen oder es zu drehen.

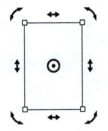

♦ Mit dem Auswahlwerkzeug das erste Mal Objekt anklicken:

   ↳ die Anfasserpunkte erscheinen, an denen die Größe geändert werden kann.

♦ noch einmal auf das Objekt klicken:

   ↳ Pfeile erscheinen. Mit den Pfeilen an den Ecken können Sie drehen, mit denen in der Mitte parallel verschieben.

➢ Zeichnen Sie ein neues **Rechteck**, zum Auswahlpfeil umschalten und anklicken, dass die **Drehpfeile** erscheinen:

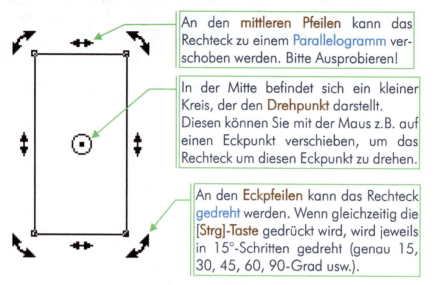

An den **mittleren Pfeilen** kann das Rechteck zu einem *Parallelogramm* verschoben werden. Bitte Ausprobieren!

In der Mitte befindet sich ein kleiner Kreis, der den **Drehpunkt** darstellt. Diesen können Sie mit der Maus z.B. auf einen Eckpunkt verschieben, um das Rechteck um diesen Eckpunkt zu drehen.

An den **Eckpfeilen** kann das Rechteck *gedreht* werden. Wenn gleichzeitig die [Strg]-Taste gedrückt wird, wird jeweils in 15°-Schritten gedreht (genau 15, 30, 45, 60, 90-Grad usw.).

➢ Alle Optionen *ausprobieren*, ggf. neue Rechtecke zeichnen.

➢ *Löschen* Sie alle Rechtecke.

3.4.1 Auswahl

Manche Symbole wie das Rechteck haben unten rechts ein **kleines Dreieck**. Dann kann mit gedrückter Maustaste ein Auswahlmenü aufgeklappt werden. Bei dem **3-Punkt-Rechteck** sind nicht drei Punkte vorzugeben, sondern mit gedrückter Maustaste wird die erste Linie gezogen, dann einmal klicken und die zweite Linie zeichnen.

☐ Rechteck	F6
⊏⊐ 3-Punkt-Rechteck	

3.5 Verschieben und Kopieren

Zeichnungen sind arbeitsaufwendig. Wenn Sie z.B. ein Rad für ein Auto kunstvoll gezeichnet haben, werden Sie dieses kopieren und nicht neu zeichnen wollen.

Das Kopieren geht im Corel sehr einfach mit einem kleinen Trick:

➢ Zeichnen Sie wieder ein **Rechteck**.

Immer mit dem Auswahlwerkzeug:

♦ Linke Maustaste auf dem Rechteck *gedrückt halten*, und Sie können das Rechteck **verschieben**.

♦ *Linke Maustaste* gedrückt halten, Rechteck genauso verschieben,

↳ aber zusätzlich unterwegs die *rechte Maustaste kurz klicken* und das Rechteck wird **kopiert**!

↳ Wenn Sie die *linke Maustaste dabei gedrückt halten*, haben Sie genügend Zeit, um das nun kopierte Rechteck ganz gemütlich an die gewünschte Position zu schieben.

Kopieren

➢ Kopieren Sie diese Rechtecke mit der rechten Maustaste.

    ↳ Wenn Sie dabei die [Strg]-Taste gedrückt halten, können Sie die Rechtecke genau waagerecht oder senkrecht anordnen.

Kopieren mit der rechten Maustaste geht viel leichter als der normale Weg:

◆ Objekt markieren, dann Bearbeiten/Kopieren, das Objekt ist nun im Arbeitsspeicher, danach mit Bearbeiten/Einfügen eine oder mehrere Kopien erstellen oder

◆ die Symbole verwenden:

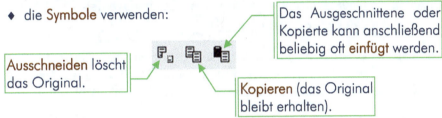

Eine weitere Möglichkeit bieten die Tastaturabkürzungen (Shortcuts):

◆ [Strg]-X, C, V für Ausschneiden, Kopieren (Copy) oder Einfügen.

    ↳ C für Copy ist leicht zu merken, die anderen Tasten liegen daneben. Sonst können Sie im Menü Bearbeiten nachschauen.

[Strg]-X, C, V
[Strg]-D

Für Duplikate gibt es diese Wege:

◆ Mit [Strg]-D oder dem Befehl Bearbeiten/Duplizieren wird eine Kopie leicht versetzt eingefügt.

    ↳ Der Einfügeabstand kann in der Eigenschaftsleiste festgelegt werden, wenn nichts markiert ist:

Übung fertigstellen:

➢ Zum Abschluss können Sie die Rechtecke wie zuvor erläutert parallel verschieben und drehen.

➢ Verschieben und verzerren Sie die Rechtecke ähnlich den abgebildeten:

Die Einheit, z.B. Zoll oder mm, können Sie beim Öffnen einer neuen Zeichnung, in der Eigenschaftsleiste, sofern nichts markiert ist, oder bei Extras/Optionen/CorelDraw/Dokument/Seitengröße festlegen.

3.6 Die Eigenschaftsleiste

Beachten Sie die Eigenschaftsleiste, in der je nach gewähltem Objekt die wichtigsten Einstellungen angezeigt werden, bei einem Rechteck z.B. die Position und Größe oder die Eckenrundung.

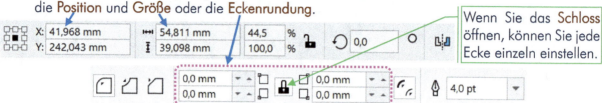

Wenn Sie das Schloss öffnen, können Sie jede Ecke einzeln einstellen.

Alle Werte können Sie ändern, z.B. die Breite von 54,811 auf 55 mm und mit Return bestätigen oder eine Eckenrundung mit den Pfeilen.

3.7 Speichern

Unsere erste Übungszeichnung sollte nun gespeichert werden.

➤ Wählen Sie das Symbol für Speichern.

[Strg]-S

Wir erstellen einen Ordner für unsere Übungszeichnungen. Das geht direkt in dem Datei/Speichern-Fenster durch Klicken auf „Neuer Ordner" (zuerst links den Ordner, in dem der neue Ordner erstellt werden soll, wählen):

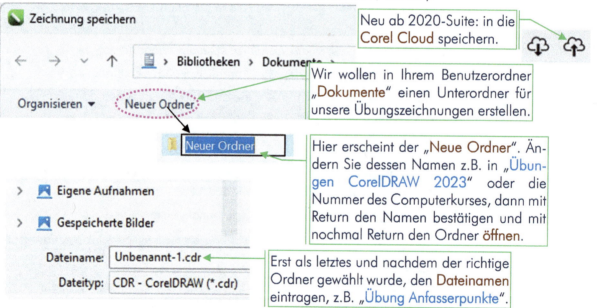

Neu ab 2020-Suite: in die Corel Cloud speichern.

Wir wollen in Ihrem Benutzerordner „Dokumente" einen Unterordner für unsere Übungszeichnungen erstellen.

Hier erscheint der „Neue Ordner". Ändern Sie dessen Namen z.B. in „Übungen CorelDRAW 2023" oder die Nummer des Computerkurses, dann mit Return den Namen bestätigen und mit nochmal Return den Ordner öffnen.

Erst als letztes und nachdem der richtige Ordner gewählt wurde, den Dateinamen eintragen, z.B. „Übung Anfasserpunkte".

Die Dateiendung cdr wird von Corel ergänzt. Die Dateiendung sollte, wie auf S. 13 beschrieben, sichtbar eingestellt sein, denn anhand der Dateiendungen kann einfach erkannt werden, aus welchem Grafik- oder Fotoprogramm eine Datei stammt.

Vor jedem Speichern die beiden wichtigen Einstellungen kontrollieren:

1. Ist oben wirklich der richtige Ordner ausgewählt?

2. Passt unten der Dateiname?

   ➥ Keine Dateiendung und keinen Punkt eintragen, dann ergänzt Corel die Endung cdr, oder diese richtig stehen lassen: Dateiname.cdr

cdr von CorelDRAW

Nach dem Speichern wird der neue Dateiname inklusive dessen Ordner ganz oben im Balken vom CorelDRAW angezeigt.

4. Ellipsen, Auswählen, Farben

4.1 Der CorelDRAW-Aufbau

Oben finden Sie das Befehlsmenü „Datei, Bearbeiten, Ansicht usw., ausgewählte Befehle als Symbole in der Symbolleiste und die Eigenschaftsleiste.

Die Befehle, einsortiert in Gruppen:
- unter Datei alle Befehle, welche die Datei betreffen: Speichern, Öffnen usw.,
- bei Bearbeiten Rückgängig, Kopieren usw.

Corel-Fenster: verkleinern, Vollbild / Fenster schließen.

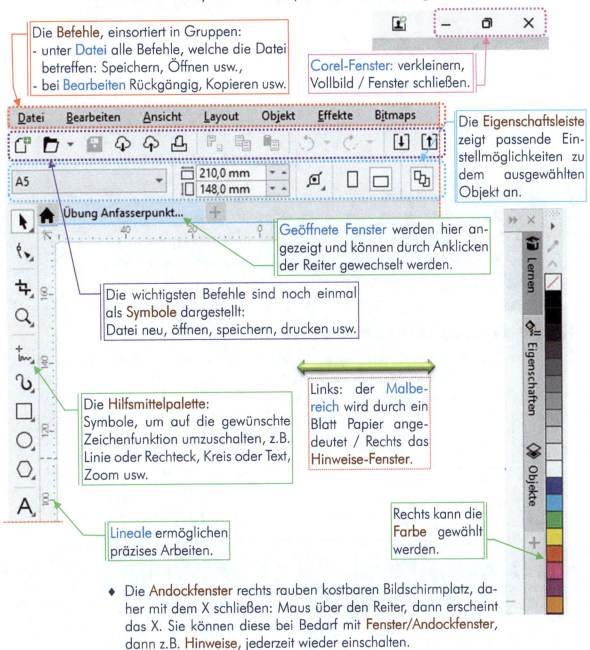

Die Eigenschaftsleiste zeigt passende Einstellmöglichkeiten zu dem ausgewählten Objekt an.

Geöffnete Fenster werden hier angezeigt und können durch Anklicken der Reiter gewechselt werden.

Die wichtigsten Befehle sind noch einmal als Symbole dargestellt:
Datei neu, öffnen, speichern, drucken usw.

Links: der Malbereich wird durch ein Blatt Papier angedeutet / Rechts das Hinweise-Fenster.

Die Hilfsmittelpalette:
Symbole, um auf die gewünschte Zeichenfunktion umzuschalten, z.B. Linie oder Rechteck, Kreis oder Text, Zoom usw.

Rechts kann die Farbe gewählt werden.

Lineale ermöglichen präzises Arbeiten.

♦ Die Andockfenster rechts rauben kostbaren Bildschirmplatz, daher mit dem X schließen: Maus über den Reiter, dann erscheint das X. Sie können diese bei Bedarf mit Fenster/Andockfenster, dann z.B. Hinweise, jederzeit wieder einschalten.

4.2 Die Seite einrichten

Wir wollen diesmal als Papierformat DIN A5 quer einstellen. Das wäre in dem Dialogfeld, das nach „neue Datei" erscheint, sowie jederzeit in der Eigenschaftsleiste möglich. Damit Sie auch später das Seitenformat wechseln können, benutzen wir nicht das Dialogfeld.

➢ Beginnen Sie ein neues Dokument.

➢ Hinweis: Sie könnten dieses, wenn eine neue Datei begonnen wird, erscheinende Fenster, unten links dauerhaft abschalten.

　↳ Wieder aktivieren geht folgendermaßen: Extras/Optionen/Corel-Draw, dort „Dialogfeld ‚Neue Dokumente' anzeigen".

➢ Wenn nichts markiert ist, werden in der Eigenschaftsleiste die Seiteneinstellungen (Papierformat usw.) angezeigt.

　↳ Ggf. mit dem Auswahlpfeil im leeren Bereich klicken, damit nichts markiert ist.

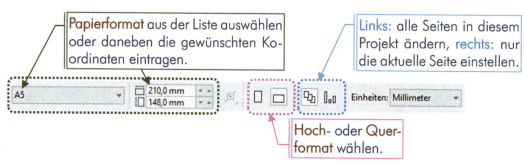

➢ Das Seitenformat können Sie genauso im Menü Layout einstellen. Dieses übersichtliche Menü sollten Sie sich einmal anschauen.

♦ Bei Layout finden Sie außerdem den Befehl Seitenhintergrund.

　↳ In diesem Menü können Sie sehr einfach eine Farbe oder ein Bild (bei Bitmaps) als Hintergrund der Seite auswählen.

4.3 Rechtecke, Ellipsen, Vielecke

➢ Zeichnen Sie nun einige Rechtecke und Ellipsen. Bei dem untersten Symbol können die Formen gewählt werden.

➢ Als "Rechtecke und Ellipsen" speichern.

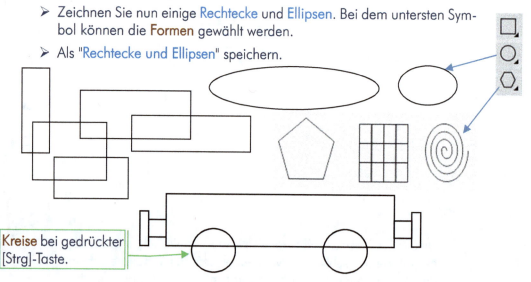

4.4 Markieren und Verschieben

Möglicherweise passen die gezeichneten Objekte nicht optimal auf das neue Papierformat. Kein Problem:

Ein Objekt:

- ♦ mit dem Auswahlpfeil anklicken heißt, dieses auszuwählen.
    - ↪ Die Anfasserpunkte erscheinen, so dass die Größe geändert werden kann usw.

Mehrere Objekte:

- ♦ können bei gedrückter [Umschalt]-Taste angeklickt und markiert werden.
    - ↪ Beachten Sie die Meldung ganz unten in der Statuszeile: „X Objekte markiert…"` - sonst hat es nicht geklappt.

- ♦ Mit dem Auswahlwerkzeug können Sie einen großen Rahmen ziehen, genauso wie ein Rechteck, bloß dass es sich mit dem Auswahlpfeil um einen Markierungsrahmen handelt.
    - ↪ Alle Objekte innerhalb dieses Rahmens werden markiert und können nun auf einmal verschoben, kopiert, gelöscht usw. werden.

[Strg]-a

- ♦ Alles markieren: [Strg]-a, ebenfalls möglich mit Bearbeiten/Alles auswählen/Objekte (Text, Hilfslinien oder Knoten könnten so auch markiert werden).

Übung „Verschieben und Größe anpassen":

- ➢ Markieren Sie alle gezeichneten Objekte mit [Strg]-a oder einem großen Markierungsrahmen,
- ➢ dann alle auf einmal verschieben, entweder
    - ↪ mit der Maus an einer Linie anfassen oder
    - ↪ mit den Richtungstasten ganz präzise oder
    - ↪ in der Eigenschaftsleiste die neuen Koordinaten angeben.

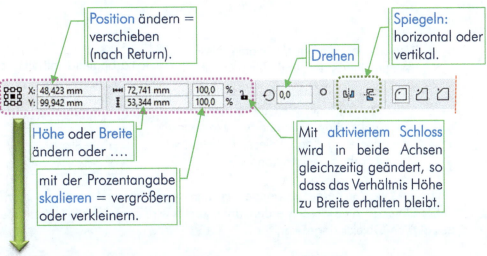

Beachten Sie:

- ♦ die obere Reihe ändert die X-Achse, bzw. die Breite,
- ♦ die untere Reihe ändert die Y-Achse, bzw. die Höhe.

4.5 Farben wählen

Die Rechtecke sind in schlichtem schwarz doch etwas fad. Streichen wir Sie an. Farben können über die Farbpalette am rechten Bildschirmrand ausgewählt werden. Dabei gilt:

- ♦ zuerst ein Objekt, z.B. ein Rechteck, markieren,
- ♦ dann kann für das markierte Objekt die Farbe geändert werden: am rechten Rand auf eine Farbe der Farbpalette klicken.

4.6 Die Farbpalette

Im sichtbaren Bereich der Farbpalette werden nur wenige Farben angezeigt. Zu den anderen Farben gelangen Sie folgendermaßen:

> Zu anderen Paletten wechseln und div. Befehle.

> Mit dem „/" wird abgeschaltet, d.h. keine Füllung oder eine unsichtbare Rahmenlinie.

Farbpalette einschalten

> Von Schwarz über die Graustufen zu Weiß, dann folgen die Farben.

- ♦ Falls die Farbpalette ausgeschaltet sein sollte, kann diese
  - ✎ bei Fenster/Farbpaletten wieder aktiviert werden.
  - ✎ Die Voreinstellung ist die „Standard-Palette", zu den anderen Farbpaletten später mehr.

> Linke Maustaste für die Füll-, rechte Maustaste für die Linienfarbe.

> Achtung! Wenn nichts markiert ist, würden Sie die Voreinstellungen ändern. Bei erscheinender Warnung abbrechen!

- ➢ Weisen Sie allen gezeichneten Elementen eine Linien- und Füllfarbe zu.
  - ✎ Auch hier gilt, dass Sie bei gedrückter [Umschalt]-Taste oder mit einem Markierungsrahmen mehrere Elemente markieren und damit diesen auf einmal eine Farbe zuweisen können.

> Die Farbpalette enthält noch mehr Farben. Mit diesen Pfeilen den sichtbaren Bereich verschieben oder

> hiermit die komplette Farbpalette anzeigen.

Unten links werden bereits verwendete Farben angezeigt und können auch anderen Objekten zugewiesen werden, unten rechts wird die Füll- und Linienfarbe des aktiven Objekts angezeigt:

> Cyan, Magenta, Yellow, BlacK.

Die Linien sind noch sehr dünn. Auch das lässt sich ändern.

4.7 Liniendicke ändern

Damit die Umrisslinien deutlicher sichtbar werden, können wir die Liniendicke erhöhen. Wenn ein Objekt markiert ist, kann in der Eigenschaftsleiste bei diesem Symbol die Liniendicke eingestellt werden:

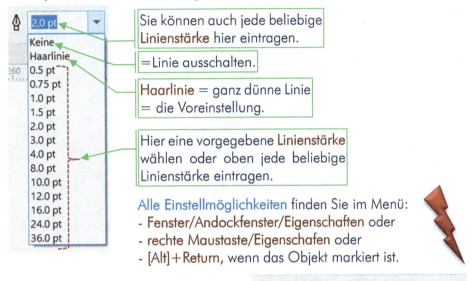

Sie können auch jede beliebige Linienstärke hier eintragen.

=Linie ausschalten.

Haarlinie = ganz dünne Linie = die Voreinstellung.

Hier eine vorgegebene Linienstärke wählen oder oben jede beliebige Linienstärke eintragen.

Alle Einstellmöglichkeiten finden Sie im Menü:
- Fenster/Andockfenster/Eigenschaften oder
- rechte Maustaste/Eigenschafen oder
- [Alt]+Return, wenn das Objekt markiert ist.

Praktisch:

➢ Mit einem großen Markierungsrahmen gleich mehrere Objekte markieren und Liniendicke ändern.

➢ Anschließend wieder die Linien- und Füllfarben ändern.

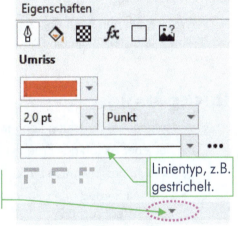

Ggf. das Menü mit dem kleinen Pfeil erweitern.

Linientyp, z.B. gestrichelt.

So bunt könnte es werden:

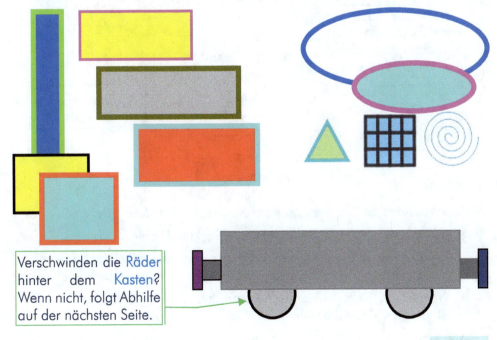

Verschwinden die Räder hinter dem Kasten? Wenn nicht, folgt Abhilfe auf der nächsten Seite.

4.8 Die Eigenschaftsleiste – Anordnen

♦ Es gilt im Corel: was zuletzt gezeichnet wurde, ist **vorne**. Wird dieses gefüllt, ist alles Darunterliegende verdeckt. Haben Sie also die Räder zuletzt gezeichnet, sollten diese hinter den Wagen gesetzt werden.

  ✎ Statt zwei Räder zu markieren, ist es einfacher, den Wagen zu markieren und nach vorne zu setzen.

➢ Rechte Maustaste auf dem Objekt, dann Anordnung:

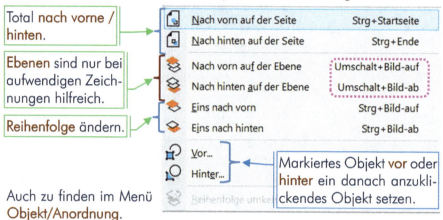

Total **nach vorne / hinten**.

Ebenen sind nur bei aufwendigen Zeichnungen hilfreich.

Reihenfolge ändern.

Nach vorn auf der Seite	Strg+Startseite
Nach hinten auf der Seite	Strg+Ende
Nach vorn auf der Ebene	Umschalt+Bild-auf
Nach hinten auf der Ebene	Umschalt+Bild-ab
Eins nach vorn	Strg+Bild-auf
Eins nach hinten	Strg+Bild-ab
Vor…	
Hinter…	
Reihenfolge umke…	

Markiertes Objekt vor oder hinter ein danach anzuklickendes Objekt setzen.

Auch zu finden im Menü Objekt/Anordnung.

➢ Wählen Sie nun noch das Vieleck, setzen Sie dieses nach vorne und stellen Sie eine andere Eckenanzahl ein.

4.9 Rückgängig

♦ Mit folgendem Ratschlag kann Ihnen nichts mehr passieren:

  ✎ Bei jeder Aktion das Ergebnis am Bildschirm beachten.

  ✎ Ist nicht das Erwartete eingetreten, sofort Rückgängig wählen.

  ✎ Ursache herausfinden (falscher Befehl, nicht markiert usw.) und richtigen Befehl suchen.

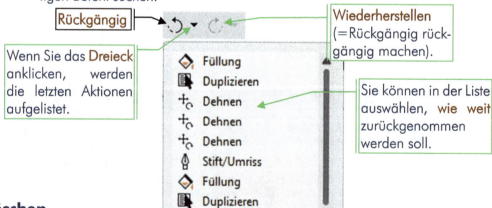

Rückgängig

Wiederherstellen (=Rückgängig rückgängig machen).

Wenn Sie das Dreieck anklicken, werden die letzten Aktionen aufgelistet.

Füllung
Duplizieren
Dehnen
Dehnen
Dehnen
Stift/Umriss
Füllung
Duplizieren

Sie können in der Liste auswählen, **wie weit** zurückgenommen werden soll.

4.9.1 Löschen

Natürlich können Sie Objekte, die nicht passen, auch einfach löschen:

➢ Auswahlwerkzeug und zu löschendes Objekt anklicken.

  ✎ Auch hier ist es oft praktisch, mehrere Elemente mit einem Auswahlrahmen oder bei gedrückter [Umschalt]-Taste zu markieren.

➢ Wenn das Objekt markiert ist, was an den Anfasserpunkten erkennbar ist, die [Entf]-Taste drücken.

5. Zoomen und Ansicht

Wenn Sie so vergrößern, dass Sie Ihren aktuellen Zeichenbereich gut sehen können, lassen sich viele Fehler von vornherein vermeiden, z.B. nicht zusammenpassende Linienenden.

5.1 Zoom mit der Eigenschaftsleiste

Es gibt mehrere Möglichkeiten zum Zoomen. Die einfachste folgt.

- ♦ Wählen Sie links die **Lupe** (=Hilfsmittel Zoom).
  - ↳ Sie können jetzt mit der **Maus** in der Zeichnung zum **Vergrößern** klicken (**linke Maustaste**) oder mit der **rechten Maustaste verkleinern** oder mit gedrückter Maustaste den Bereich angeben oder
  - ↳ die Symbole in der **Eigenschaftsleiste** zum Vergrößern oder Verkleinern verwenden (wenn die Lupe gewählt ist):

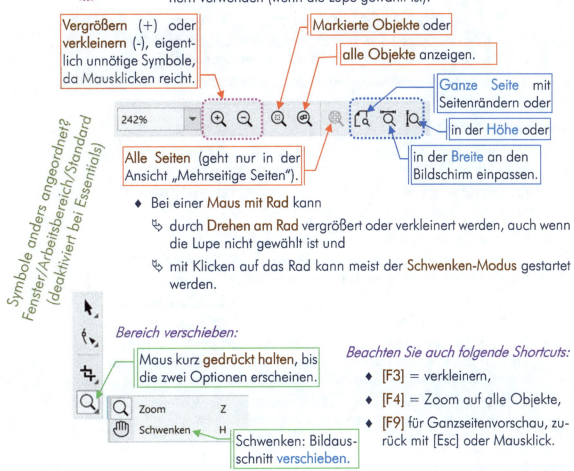

Vergrößern (+) oder **verkleinern** (-), eigentlich unnötige Symbole, da Mausklicken reicht.

Markierte Objekte oder

alle Objekte anzeigen.

Ganze Seite mit Seitenrändern oder

in der **Höhe** oder

Alle Seiten (geht nur in der Ansicht „Mehrseitige Seiten").

in der **Breite** an den Bildschirm einpassen.

242%

Symbole anders angeordnet? Fenster/Arbeitsbereich/Standard (deaktiviert bei Essentials)

- ♦ Bei einer **Maus mit Rad** kann
  - ↳ durch **Drehen am Rad** vergrößert oder verkleinert werden, auch wenn die Lupe nicht gewählt ist und
  - ↳ mit Klicken auf das Rad kann meist der **Schwenken-Modus** gestartet werden.

Bereich verschieben:

Maus kurz **gedrückt halten**, bis die zwei Optionen erscheinen.

Q Zoom   Z

🖐 Schwenken   H

Schwenken: Bildausschnitt **verschieben**.

Beachten Sie auch folgende Shortcuts:

- ♦ **[F3]** = verkleinern,
- ♦ **[F4]** = Zoom auf alle Objekte,
- ♦ **[F9]** für Ganzseitenvorschau, zurück mit **[Esc]** oder Mausklick.

5.2 Die Schaltfläche Zoomfaktor

Die Zoom-Schaltfläche finden Sie auch ständig in der Symbolleiste:

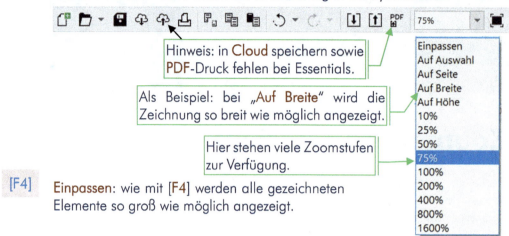

Hinweis: in Cloud speichern sowie PDF-Druck fehlen bei Essentials.

Als Beispiel: bei „Auf Breite" wird die Zeichnung so breit wie möglich angezeigt.

Hier stehen viele Zoomstufen zur Verfügung.

[F4] **Einpassen**: wie mit [F4] werden alle gezeichneten Elemente so groß wie möglich angezeigt.

5.3 Die Ansicht einstellen

wird hier nur vorgestellt, weil diese Funktion große Probleme verursachen kann, indem z.B. keine Füllungen mehr angezeigt werden. Bei Ansicht können Sie wählen:

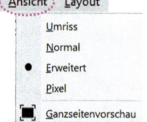

- ♦ Bei Umriss werden nur Umrisslinien, aber keine Füllungen angezeigt.

  ↳ Früher sinnvoll, um den Bildaufbau zu beschleunigen, heute bei versehentlichem Umschalten eine tückische Einstellung!

- ♦ Normal = alles Gezeichnete wird angezeigt, oder die Standardeinstellung Erweitert = auch Postscript-Füllungen werden angezeigt.

- ♦ Pixel: bei starker Vergrößerung wird an den Objekträndern sichtbar, dass die Pixel wie gedruckt, nicht geglättet, angezeigt werden.

Spezielle Ansichtsoptionen:

- ♦ Überdruckungen[1] simulieren: es ist beim Offsetdruck ungünstig, wenn ein helles Objekt über einem dunklen gedruckt werden soll.

- ♦ Komplexe Effekte rastern: diese Effekte werden wie Fotos als Pixelmuster ausgegeben, kann bei Druckproblemen helfen.

Im Menü Ansicht finden Sie noch diese interessanten Funktionen:

- ♦ Mehrseitige Ansicht[1]: vor dem Druck noch einmal alle Seiten sehen. Zum Ausschalten noch einmal wählen oder [Esc] drücken.

- ♦ Gitter, Lineale, Hilfslinien ein- oder ausschalten. Probieren Sie schon einmal das Gitter, eine Erläuterung folgt im nächsten Kapitel.

- ♦ Seite: hier können Sie z.B. den „druckbaren Bereich" sichtbar machen, d.h. den Papierbereich, den Ihr Drucker tatsächlich bedrucken kann. Dieser ist meistens etwas kleiner als das Papierformat.

  ↳ Seitenrand zeigt die eingestellte Papiergröße an (die Voreinstellung), damit Sie die Zeichenelemente passend anordnen können.

---

[1] Fehlt bei Essentials.

5.4 Corel einstellen

♦ Bei Extras/Optionen/CorelDraw können Sie die Voreinstellungen ändern,

♦ nicht bei Essentials: Extras/Optionen/Anpassung: z.B. die Symbolleisten einstellen, etwa bei dem Unterpunkt Befehlsleisten die Symbolleisten auswählen, die angezeigt werden sollen.

♦ den weiteren Menüpunkt Extras/Optionen/Global brauchen Sie eigentlich nicht, da Sie rechts oben in diesem Menü wechseln können:

☜ Dokument: Startoptionen für Seitenformat, Gitter, Hilfslinien, Hintergrund usw.,

☜ Einstellungen, das Programm betreffend, wie Willkommensbildschirm, Speicheroptionen, Knoteneinstellungen bei CorelDraw,

☜ Global: hier finden Sie nur Sprache, Anmeldeoptionen bei Benutzer-ID und Hintergrundaufgaben.

♦ Bei Extras/"Einstellungen als Standard speichern" können Sie die aktuellen Zeichnungseinstellungen als Voreinstellung speichern.

☜ Im erscheinenden Menü können Sie die gewünschten Optionen, die übernommen werden sollen, einzeln auswählen.

☜ Mit dieser Methode können Sie das von Ihnen meist verwendete Papierformat sowie optimale Gitter- und Hilfslinieneinstellungen als Voreinstellung für alle neuen Zeichnungen speichern.

5.5 Symbolleisten ein- oder ausschalten

Ebenfalls bei Extras/Optionen/Anpassung (nicht bei Essentials) können Sie weitere Symbolleisten einschalten, z.B. die Symbolleiste Text für Schrifteinstellungen, oder versehentlich abgeschaltete Symbolleisten reaktivieren.

Befehlsleisten-Überblick:

♦ Die Menüleiste enthält die Menüpunkte Datei, Bearbeiten, …

♦ Die Statusleiste zeigt am unteren Rand zusätzliche Informationen an.

♦ Die Symbolleiste Standard ist die obere Symbolleiste mit Datei-Neu, -Öffnen, -Speichern usw., darunter die Eigenschaftsleiste.

♦ Hilfsmittelpalette: unsere Symbole links im Corel mit den Zeichenwerkzeugen für Linie, Rechteck …

☑ Menüleiste
☐ Kontextmenüleiste
☑ Statusleiste
☐ Projekttimer
☐ Layout
☐ Zoom
☐ Internet
☐ Bedienfeld 'Hilfsmittel für Wählr...
☑ Eigenschaftsleiste
☑ Hilfsmittelpalette
☐ Makros
☑ Standard
☐ Zeichnen von Parallelen
☐ Text
☐ Ändern

Übung Symbolleiste:

➢ Blenden Sie einzeln **andere Symbolleisten** ein, anschauen und wieder abschalten.

    ↳ Sie sehen die Wirkung unmittelbar am Bildschirm, ohne das Menü verlassen zu müssen.

Symbolleisten verschieben:

Bei Arbeiten an Grafiken oder Fotos ist es zuweilen hilfreich, eine Symbolleiste in die Nähe des Zeichenobjektes zu ziehen, um die nötigen Wege mit der Maus zu verkürzen.

> Die Symbolleisten sind gemäß Voreinstellung zunächst **fixiert** und können nicht verschoben werden. Das ist auch sinnvoll, denn durch versehentliches Verschieben können Anwender vor große Probleme gestellt werden. Aber noch besser, ist es, das Verschieben und zurückschieben zu lernen und damit umgehen zu können, dies kann weite Wege mit der Maus ersparen.

♦ Das Verschieben können Sie ermöglichen, indem Sie im Menü **Extras/Optionen/Anpassung** links bei dem Punkt Befehlsleisten „Symbolleisten fixieren" deaktivieren, also das Häkchen entfernen.

    Symbolleisten-Eigenschaften

    ☑ Titel anzeigen, wenn Symbolleiste frei verschiebbar ist
    ☑ Symbolleisten fixieren

    ↳ Auch auf diesem Wege möglich: auf der Hilfsmittelpalette oder irgendeiner Symbolleiste die rechte Maustaste drücken (am Rand, nicht auf einem Symbol), dann kann im Abrollmenü ganz unten ebenfalls „Symbolleisten fixieren" an- oder abgeschaltet werden.

Übung Symbolleisten verschieben:

➢ **Ziehen** Sie die **Hilfsmittelpalette** in die Zeichnung und **formen** Sie die **Hilfsmittelpalette** um: an den Rändern anfassen, sobald die Maus zu einem Doppelpfeil umschaltet.

➢ **Schließen** Sie die **Hilfsmittelpalette**, dann diese wieder **einschalten** und an die alte Position schieben (Maus nicht zu früh loslassen).

    ↳ Abschließend wieder **rechte Maustaste/Symbolleisten fixieren**.

Notizen: ....

....

....

....

....

....

....

....

....

6. Linien

6.1 Freihandlinie

Linien werden mit dem Linienwerkzeug gezeichnet. Dabei gibt es mehrere Möglichkeiten. Wir beginnen mit der Freihandlinie.

> ➤ Neue Zeichnung DIN A4 quer, dann das Linienwerkzeug wählen und mit gedrückter Maustaste z.B. zeichnen:

Die Linien werden dabei automatisch gerundet, weniger Wendepunkte erleichtern das spätere Umformen. Mehr über die Kurvenbearbeitung ab Seite 93.

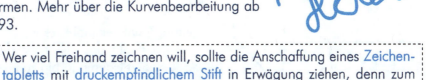

> Wer viel Freihand zeichnen will, sollte die Anschaffung eines Zeichentabletts mit druckempfindlichem Stift in Erwägung ziehen, denn zum einen wird dann die Linie dicker, wenn Sie fester drücken, zum anderen ist die Maus ungeeignet zum Freihandzeichnen.

> ➤ Abschließen, indem Sie zu dem Auswahlpfeil umschalten und eine andere Farbe (S. 28) sowie eine dickere Linie (s. S. 29) einstellen.

Aber nicht nur Freihandlinien, auch gerade Linien und Vielecke sind möglich.

6.1.1 Gerade Linie

> ➤ Für eine gerade Linie mit dem Linienwerkzeug gilt:
>   ↳ Maus einmal klicken = Anfangspunkt,
>   ↳ noch einmal an anderer Stelle klicken = Endpunkt.

6.1.2 Vieleck

> ♦ Mit dem Linienwerkzeug kann eine gerade Linie fortgesetzt werden:
>   ↳ Maus einmal klicken = Anfangspunkt, Maus wegbewegen,
>   ↳ mit Doppelklicken wird ein Punkt gesetzt, aber die Linie weitergeführt, so dass Sie mit weiterem Doppelklicken beliebig viele Linienstücke anhängen können,
>   ↳ bis der Endpunkt durch einmal klicken gesetzt wird.
> ➤ Zeichnen Sie z.B. ein Dreieck oder eine Faschingskappe.

6.2 Linien im Winkel

Waagerechte oder senkrechte Linien, bzw. Linien in folgenden Winkeln: 15°, 30°, 45°, 60°, 90° usw. können so gezeichnet werden:

➢ Anfangspunkt wie gewohnt setzten, Maus wegbewegen und zusätzlich die [Strg]-Taste gedrückt halten.

 ↳ Wenn Sie mit gedrückter Maustaste um den Anfangspunkt kreisen, ist zu sehen, dass die Linie nur in diesen Winkeln gezeichnet wird.

➢ Ziehen Sie eine waagerechte Linie über die ganze Seite.

6.3 Übung Linien

➢ Zeichnen Sie folgendes in unserer Zeichnung, dann als „Linien und Formen" speichern:

Anfangspunkt einmal klicken – Doppelklicken – Doppelklicken – Endpunkt auf Anfangspunkt einmal klicken.
Versuchen Sie anschließend, die geschlossenen Figuren farbig zu füllen.

Damit Sie Elemente füllen können, muss die Linie geschlossen sein, d. h. Endpunkt auf Anfangspunkt.

6.4 Übung Cabrio

➢ Neue Zeichnung DIN A5 quer beginnen und als Cabrio speichern.

➢ Eine waagerechte Linie als Straße zeichnen, darüber ein Rad als Kreis (mit gedrückter [Strg]-Taste) zeichnen, dicke Linie für den Reifen einstellen sowie eine passende Füllfarbe.

➢ Diesen Kreis, wenn fertig, für das zweite Rad kopieren und auch oberhalb der Straßenlinie anordnen.

➢ Das Chassis aus geschlossenen Linien (Doppelklicken) zeichnen, dann Füllfarbe wählen und nach hinten setzen (rechte Maustaste/Anordnung/nach hinten auf der Seite), so dass die Räder vorne sind.
Die Symbole in der Eigenschaftsleiste verschwinden, sobald mehr als ein Objekt markiert ist.

[Strg]-Bild auf/ab

➢ Abschließend die Frontscheibe als Dreieck aus Linien zeichnen, passend füllen und auf die Karosserie setzen.

6.5 Stiftarten (nicht bei Essentials)

Wenn Sie die Maus auf dem Freihand-Stiftwerkzeug kurz gedrückt halten, können Sie in dem erscheinenden Menü zu weiteren Linientypen umschalten:

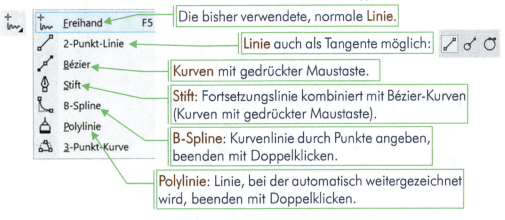

Statt diesen Kurvenlinien (Bézier, B-Spline, 3-Punkt-Kurve) lassen sich Kurven leichter mit der Kurvenbearbeitung erstellen und anpassen. Das wird ausführlich ab S. 93 erläutert.

6.6 Künstlerische Medien (nicht bei Essentials)

Unter der Freihandlinie befindet sich das Symbol für die künstlerischen Medien, eine Vielzahl faszinierender Zeichenfunktionen.

➢ Neue Übung und den Stift künstlerische Medien wählen. In der Eigenschaftsleiste finden Sie nun folgende Einstellmöglichkeiten:

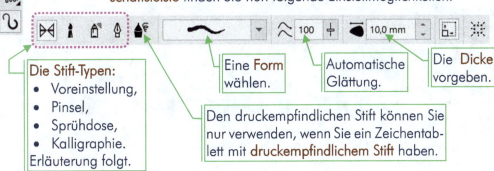

Stifttyp und Form wählen, dann malen. Sie können jede Form auch nachträglich ändern oder gezeichneten Elementen eine andere Form zuweisen: markieren, dann eine Linienform oder Bildsprühdose wählen. Bei Effekte/-Künstlerische Medien finden Sie diese Stifttypen noch einmal als Andockfenster.

6.6.1 Voreinstellungen

Statt einer Linie mit gleichmäßiger Breite können Sie hier spezielle Linienformen auswählen, z.B. eine keilförmige Linie oder einen Wassertropfen.

6.6.2 Ausgewählte Pinsel (künstlerische Medien)

Diese Pinsel malen wunderschöne Tapetenmuster auf das Blatt.

Beachten Sie die Typen-Auswahlliste.

Erst Typ, dann Form wählen.

6.6.3 Einige Sprühdosen-Effekte

Bei der Sprühdose, genauer: Bildsprühdose, können Sie eine Folge von Bildern mit gedrückter Maustaste versprühen.

Ausprobieren, beachten Sie auch hier die beiden Auswahlschaltflächen:

6.6.4 Der Stift Kalligraphie

Wenn Sie mit einem echten, breiten Pinsel seitlich malen, ist der Strich ganz dünn, quer jedoch ganz breit. Das gibt z.B. beim Malen von chinesischen oder japanischen Schriftzeichen die kalligraphischen Effekte. Solche Pinsel können Sie mit dieser Funktion simulieren, wobei die Breite des Pinsels und die Drehung vorgegeben werden kann.

➢ Zeichnen Sie, vorher den Winkel für einen flachen Pinsel auf 60° erhöhen.

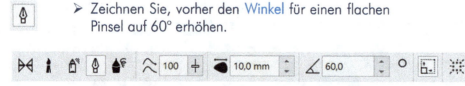

6.7 Übung Stift

➢ Malen Sie mit dem Linienwerkzeug das Boot, zwei Rechtecke für den blauen Himmel und das dunklere Wasser (blau füllen), Kopf und Körper als Ellipsen, Haare mit dem Stift.

➢ Der Rest (Wolken, Luftballons, Wellen, Haare, ...) sind Pinsel- oder Sprühdosen-Effekte.

Sprühdose mit Wolken und Luftballons.

Wellen mit dem Pinsel.

Zwei gefüllte Rechtecke, oben hellblau für den Himmel, unten dunkelblau für das Wasser.

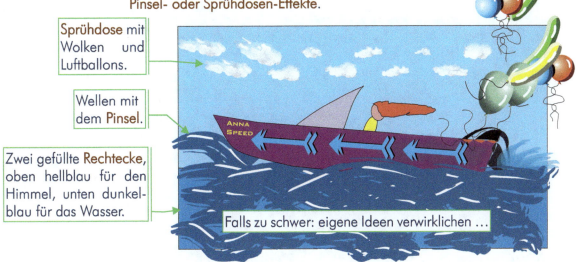

Falls zu schwer: eigene Ideen verwirklichen ...

6.8 Formerkennung (nicht bei Essentials)

Bei den künstlerischen Medien können Sie zu der Formerkennung umschalten:

[Umschalt]-S

Wenn die Formerkennung gewählt ist, mit gedrückter Maustaste frei Hand etwas zeichnen und Corel versucht, eine gewünschte Form (Dreieck, Kreis, Vieleck usw.) zu erkennen und passend zu schließen.

6.9 Live Sketch (nicht bei Essentials)

S

Sketch für skizzieren. dieses Werkzeug ist ähnlich der Formerkennung, aber noch etwas stärker. Versuchen Sie, einen Apfel oder ein Auto damit zu zeichnen. Vergessen Sie nicht, die Formen zu schließen, das heißt, den Endpunkt zum Startpunkt setzen, wenn die Objekte gefüllt werden sollen.

Zweiter Teil

PRÄZISES ZEICHNEN

Quadrat, Kreis, Gitter, Hilfslinien, Text, Gruppieren

Symbole anders angeordnet?
Fenster-Arbeitsbereich-
Standard

7. Präzises Zeichnen

7.1 Das Gitter

ist eine nützliche Hilfe beim Zeichnen.

- ♦ Ist das Gitter z.B. auf 5 mm Abstand eingestellt und aktiviert, wird alles neu Gezeichnete auf diesem 5 mm-Raster angeordnet.

  - ☞ Krumme Maße, etwa Linie von Startpunkt 45,05756 / 33,45666 werden so von vornherein vermieden und es kann ohne Arbeitsaufwand genau gezeichnet werden.

Das Gitter kann am einfachsten folgendermaßen eingerichtet werden: rechte Maustaste auf dem Lineal, dann „Gitter einrichten":

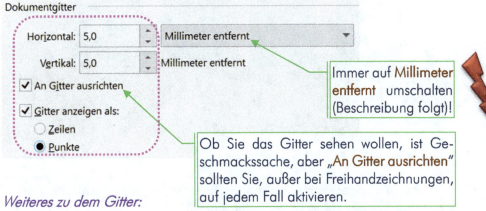

Weiteres zu dem Gitter:

- ♦ Ansicht/Gitter/Dokumentgitter blendet die Gitterpunkte ein/aus,

[Alt]-Y

- ♦ bei Ansicht/Ausrichten an kann das Ausrichten an den diversen Gittern ein- oder ausgeschaltet werden.

  - ☞ Basisliniengitter: waagerechte Hilfslinien wie auf Linienpapier werden eingeblendet, deren Abstand kann auch im obigen Menü eingestellt werden.

  - ☞ Hilfslinien: es reicht nicht, Hilfslinien in die Zeichnung zu ziehen, erst wenn bei Ansicht aktiviert, wird auch an Hilfslinien ausgerichtet.

Hinweise zum Gitter:

- ♦ 0,2 Gitterlinien pro Millimeter entsprechen Gitterpunkten alle 5 mm (=Millimeter entfernt).

- ♦ Die Gitterpunkte werden automatisch nicht zu dicht angezeigt.

  - ☞ Bei verkleinerter Darstellung lässt Corel Gitterpunkte weg, damit nicht eine schwarze Zeichnung voller Gitterpunkte angezeigt wird.

7.1.1 Übung Pyramide aus Quadraten

Zeichnen Sie folgende Pyramide aus Quadraten.

> ➢ Neue Zeichnung, DIN A5 quer, Gitter auf 10 mm Abstand einstellen,
>
> ➢ dann ein Quadrat zeichnen ([Strg]-Taste gedrückt halten oder mit Hilfe des Gitters) und mehrfach mit der Maus kopieren:
>
>   ↳ verschieben + unterwegs rechte Maustaste kurz klicken, die linke erst am Zielort loslassen.

> ♦ Beachten Sie beim Zeichnen, Verschieben und Umformen, ob der Cursor zu den Gitterpunkten springt (ggf. am Eck anfassen).
>
>   ↳ Wenn nicht, kontrollieren, ob bei Ansicht das Gitter aktiviert, der Abstand richtig angegeben sowie Ausrichten an eingestellt ist.

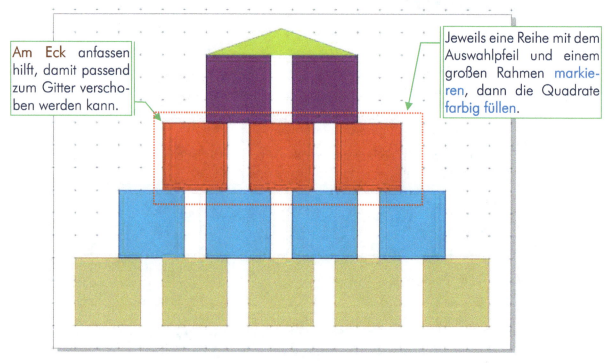

Am Eck anfassen hilft, damit passend zum Gitter verschoben werden kann.

Jeweils eine Reihe mit dem Auswahlpfeil und einem großen Rahmen markieren, dann die Quadrate farbig füllen.

> Bei gedrückter [Strg]-Taste können Sie Quadrate statt Rechtecke, Kreise statt Ellipsen sowie Linien in diesen Winkeln: 0°, 15°, 30°, 45°, 60°, 90° usw. zeichnen.

> ➢ Übung als „Pyramide Quadrate" speichern, da diese später wiederverwendet wird.

7.1.2 Weiteres zum Gitter

Jetzt haben wir das Gitter eingerichtet und können damit genau zeichnen. Spätestens bei einem guten Ausdruck macht sich das positiv bemerkbar.

- ♦ Wenn Sie ein Detail stark vergrößert zeichnen, können Sie das Gitter feiner einstellen, z.B. jeden Millimeter oder sogar alle 0,1 mm.
- ♦ Das Gitter ist optimal und sollte immer verwendet werden, damit alles ohne Aufwand haargenau passt. Ausnahmen sind echte Freihandzeichnungen, dann Ausrichten am Gitter abschalten.

[Alt]-Y

7.2 Kopieren und Verschieben

♦ Sie können auch eine Kopie mit dem Befehl Bearbeiten/Duplizieren erstellen.

[Strg]-D

    ↳ Wenn das Auswahlwerkzeug gewählt und kein Objekt markiert ist (ggf. mit dem Auswahlpfeil im leeren Bereich klicken), kann die Schrittweite sowie der Abstand für Duplikate in der Eigenschaftsleiste eingestellt werden:

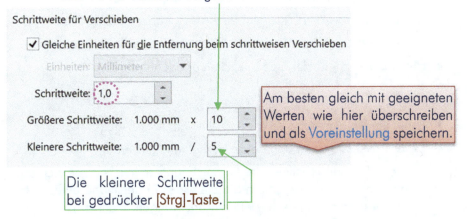

Die Schrittweite beim Verschieben mit den Richtungstasten kann hier jederzeit angepasst werden – praktisch für präzises und einfaches verschieben.

Abstand für Duplikate vom Original.

Die Voreinstellung:

➢ Sie können die Schrittweite in der Eigenschaftsleiste oder im Menü vorgeben: doppelklicken auf dem Lineal.

    ↳ Wenn Sie z.B. 1 mm einstellen, können Sie mit den Richtungstasten markierte Elemente um jeweils 1 mm verschieben, die größere Schrittweite gilt bei zusätzlich gedrückter [Umschalt]-Taste, z.B. könnten Sie hier 10 für 10x1mm vorgeben.

Schrittweite für Verschieben

☑ Gleiche Einheiten für die Entfernung beim schrittweisen Verschieben

Einheiten: Millimeter ▾

Schrittweite: 1,0

Größere Schrittweite: 1.000 mm x 10

Kleinere Schrittweite: 1.000 mm / 5

Am besten gleich mit geeigneten Werten wie hier überschreiben und als Voreinstellung speichern.

Die kleinere Schrittweite bei gedrückter [Strg]-Taste.

Übung:

➢ Erstellen Sie aus Rechtecken und Linien mit Kopieren, Drehen und Verschieben folgenden Bauernhof. Erleichtern Sie sich die Arbeit, indem Sie möglichst stark vergrößern, was Sie gerade zeichnen.

Einmal zeichnen, oft kopieren.

7.3 Hilfslinien

Es bleibt die Frage, wie sich Objekte wie z.B. die Fenster der vorigen Übung einfacher auf der gleichen Höhe anordnen lassen: mit den Hilfslinien.

Wichtiges über Hilfslinien:

- ♦ Hilfslinien werden nicht ausgedruckt, aber die Objekte können an den Hilfslinien genau ausgerichtet werden.
  - ↳ Hilfslinien sind damit optimal, um Spalten oder Seitenränder vorzugeben oder um Elemente bündig anzuordnen.
- ♦ Lineale / Gitter / Hilfslinien anzeigen und die Ausrichtung einstellen:

7.3.1 Hilfslinien setzten und bearbeiten

Oben und links vom Zeichenbereich befinden sich die Lineale:

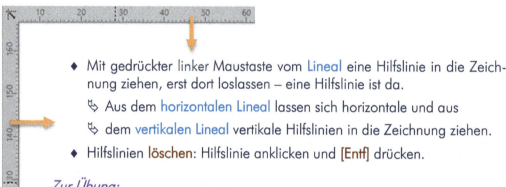

- ♦ Mit gedrückter linker Maustaste vom Lineal eine Hilfslinie in die Zeichnung ziehen, erst dort loslassen – eine Hilfslinie ist da.
  - ↳ Aus dem horizontalen Lineal lassen sich horizontale und aus
  - ↳ dem vertikalen Lineal vertikale Hilfslinien in die Zeichnung ziehen.
- ♦ Hilfslinien löschen: Hilfslinie anklicken und [Entf] drücken.

Zur Übung:

- ➢ Beginnen Sie eine neue Zeichnung, wieder DIN A5-quer.
- ➢ Gitter zuerst alle 5mm und daran ausrichten aktivieren.
  - ↳ Wenn Sie nun Hilfslinien in die Zeichnung ziehen, richten sich auch diese am Gitter aus, sofern Sie die Maus in der Nähe eines Gitterpunktes loslassen (erscheinende Markierungen beachten).
- ➢ Dann zwei horizontale und zwei vertikale Hilfslinien als Seitenränder in die Zeichnung ziehen.

Hilfslinien verschieben:

- ➢ Versuchen Sie, eine senkrechte und eine waagerechte Hilfslinie zu verschieben: anklicken und an eine andere Stelle ziehen.

Jetzt drehen wir eine Hilfslinie:

- ➢ Eine weitere Hilfslinie in die Mitte ziehen, diese anklicken, außen erscheinen die Drehpfeile, an denen die Hilfslinie gedreht werden kann.
  - ↳ Den Drehwinkel können Sie auch in der Eigenschaftsleiste angeben (mit Return bestätigen), daneben kann der Drehpunkt angegeben werden.

| ↻ 15,0 | ○ | ↻ 105,071 mm |
| | | ↻ 130,0 mm |

7.3.2 Das Hilfslinien-Menü

Das Hilfslinien-Menü ist praktisch, wenn viele Hilfslinien gesetzt werden:

    ↳ zum Öffnen auf eine Hilfslinie Doppelklicken oder

    ↳ rechte Maustaste auf dem Lineal, dann „Hilfslinien einrichten"

    ↳ oder Extras/Optionen/CorelDraw, dann oben rechts zu Dokument wechseln und links den Punkt Hilfslinien wählen.

Links Hilfslinien anklicken, dann können Sie auf der ersten Karteikarte die Sichtbarkeit einstellen sowie Ausrichten an den Hilfslinien aktivieren,

Im Hilfslinien-Menü finden Sie Karteikarten für Horizontale, Vertikale und alle Hilfslinien, sowie Voreinstellung, hier sind diverse Voreinstellungen wie für je 1cm Seitenrand.

Beachten Sie, dass Sie auf jeder Karteikarte sowohl neue Hilfslinien setzen als auch bereits existierende verschieben können, um z.B. eine Hilfslinie von krummen Koordinaten auf die nächstgelegenen geraden Koordinaten zu verschieben. Das Menü Extras/Optionen/CorelDRAW/Dokument/Hilfslinien:

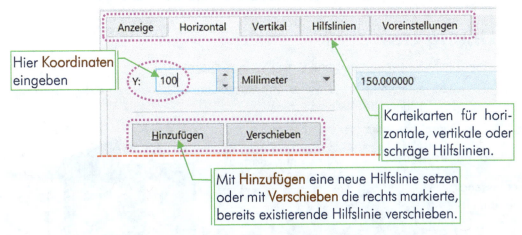

Hier Koordinaten eingeben

Karteikarten für horizontale, vertikale oder schräge Hilfslinien.

Mit Hinzufügen eine neue Hilfslinie setzen oder mit Verschieben die rechts markierte, bereits existierende Hilfslinie verschieben.

Auch oben in der Symbolleiste kann an Hilfslinien ausrichten aktiviert werden:

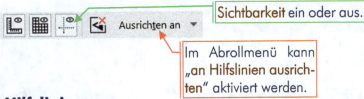

Sichtbarkeit ein oder aus.

Im Abrollmenü kann „an Hilfslinien ausrichten" aktiviert werden.

7.3.3 Schräge Hilfslinien

Bei der Karteikarte Hilfslinien können Sie auch einen Winkel angeben oder für eine existierende Hilfslinie den Winkel ändern. Das wäre jedoch auch in der Eigenschaftsleiste möglich, wenn eine Hilfslinie angeklickt ist:

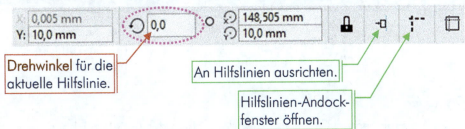

Drehwinkel für die aktuelle Hilfslinie.

An Hilfslinien ausrichten.

Hilfslinien-Andockfenster öffnen.

Wenn Sie zuerst das Gitter einrichten und aktivieren, sind Hilfslinien ruckzuck wie gewünscht in die Zeichnung gezogen.

7.4 Ausrichten an

Hilfslinien nützen noch nichts, solange die Objekte nicht daran ausgerichtet werden. Auch im Menü Ansicht kann diesbezüglich einiges eingestellt werden.

[Alt]-Y

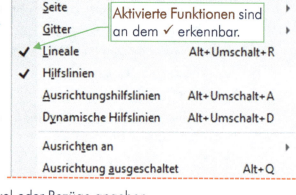

- Bei Ansicht können Sie die Sichtbarkeit für Lineale, Gitter und Hilfslinien ein- oder ausschalten.

- Bei Ansicht/Ausrichten an aktivieren Sie, ob sich Objekte am Gitter usw. ausrichten oder nicht.

- Dynamische Hilfslinien erleichtern das Konstruieren, da diese selbsttätig erscheinen und Winkel oder Bezüge angeben.

- Ausrichtung ausgeschaltet oder [Alt]-Q schaltet alle Ausrichtungsvarianten (an Hilfslinien, Gitter usw.) ab, bzw. wieder wie zuvor eingestellt, ein.

7.5 Übung Lkw

➤ Neue Zeichnung beginnen, als LKW speichern.

➤ Seite einrichten: 6 x 3 Meter und Raster alle 0,2 Meter einstellen und das Zeichnen geht wie von selbst.

➤ Unten eine waagerechte Linie als Straße.

So wird es werden:

Geschlossene Freihandlinie.

Alles nur farbig gefüllte Rechtecke!

Zum Füllen der Beladung: zum Anfangspunkt weiterzeichnen, Füllfarbe wählen und nach hinten setzen.

Dicke, schwarze Umrisslinie für den Reifen und eine einfarbige Füllung als Felge einstellen.

Ein Rechteck zum Parallelogramm umformen und nach hinten setzen.

Die Räder:

➤ Kreis mit gedrückter [Strg]-Taste oder mithilfe des Gitters zeichnen.

➤ Das erste Rad mit der rechten Maustaste kopieren - bei gedrückter [Umschalt]-Taste geht dies exakt waagerecht.

8. Quadrate, Kreise, Formen

8.1 Quadrate und Kreise

Wir haben bereits Quadrate und Kreise mit der [Strg]-Taste erzeugt (s. S. 44).

- ◆ Mit gedrückter [Strg]-Taste können Sie

  ↳ Linien in 15°-Stufen und 45°, 90° usw. ziehen,

  ↳ statt einer Ellipse einen Kreis und

  ↳ statt einem Rechteck ein Quadrat zeichnen.

[Strg] =
Kreis,
Quadrat;
senkrecht.

- ◆ Wenn Sie die [Umschalt]-Taste gedrückt halten,

  ↳ wird eine angefangene Ellipse oder ein Rechteck um den Anfangspunkt herum gezeichnet oder

  ↳ die Größe von Elementen um den Mittelpunkt herum geändert,

  ↳ mit [Strg]+[Umschalt] zeichnen Sie einen Kreis oder ein Quadrat mit dem Anfangspunkt als Mittelpunkt.

[Umschalt]=
um
Anfangs-
punkt.

- ◆ Soll ein Kreis präzise um eine Achse gezeichnet werden, kann dies erreicht werden, indem als Anfangspunkt der Achsenschnittpunkt (=zukünftige Mittelpunkt) gewählt wird.

  ↳ Zeichnen beginnen und [Strg]+[Umschalt] beim Zeichnen gedrückt halten.

Sie müssen sich dies nicht merken, einfach probieren:

- ◆ Ellipse oder Rechteck beginnen, aber die linke Maustaste fest gedrückt halten und dann probieren:

  ↳ [Strg] oder [Umschalt]-Taste oder beide?

  ↳ Sie sehen die Wirkung am Bildschirm, sobald Sie die gedrückte Maus etwas bewegen!

> Linke Maustaste gedrückt halten und probieren!
>
> Wenn Sie Elemente mit gedrückter linker Maustaste verschieben bzw. mit zusätzlichem rechtsklick kopieren wollen, hilft es, am Eck anzufassen, damit diese auf dem Gitterraster bleiben.

8.1.1 Übung

➢ **Neue Zeichnung** mit DIN A5 quer beginnen.

➢ Als „Quadrate und Kreise" speichern.

➢ **Zeichnen** Sie für die waagerechte Anordnung mit einer Hilfslinie:

➢ Nehmen Sie für diese Übung ein **Gitter** mit 10 mm Abstand zu Hilfe und zeichnen Sie einen Karostreifen (Rechteck, dann Zeile kopieren):

Jetzt kommt eine schon ganz schön schwierige, aber nützliche Übung:

➢ Die Füllung wird erzeugt, indem der äußere, größte Kreis mehrfach nach innen kopiert wird,

  ↳ dabei die [Umschalt]-Taste gedrückt halten, damit die kopierten Kreise automatisch den gleichen **Mittelpunkt** erhalten.

➢ Jeden Kreis mit der gewünschten Farbe füllen.

  [Umschalt] = um den Mittelpunkt verkleinern.

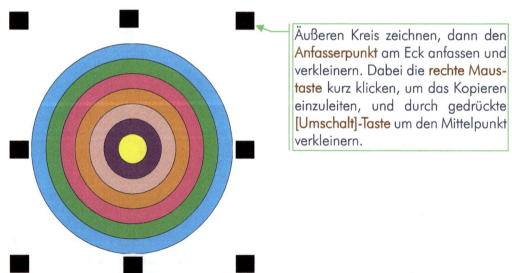

Äußeren Kreis zeichnen, dann den **Anfasserpunkt** am Eck anfassen und verkleinern. Dabei die rechte Maustaste kurz klicken, um das Kopieren einzuleiten, und durch gedrückte [Umschalt]-Taste um den Mittelpunkt verkleinern.

Kein Problem, wenn Sie die **rechte Maustaste während der Bewegung** klicken + linke Maustaste gedrückt halten - dann haben Sie beliebig Zeit, um [Umschalt] oder [Strg] zu probieren und die Zielposition zu suchen.

8.2 Polygon, Spirale, Gitter

Corel bietet noch Spezialformen, die Sie bei dem Polygon-Werkzeug unter den Symbolen für Rechtecke und Kreise finden. Zeichnen Sie damit folgendes:

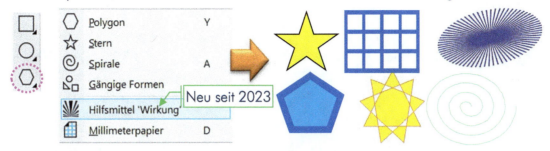

Hinweis: Spirale und Wirkung bei Essentials nicht enthalten.

Mit der Voreinstellung zeichnen, dann können Sie jedes dieser Elemente per Maus oder in der Eigenschaftsleiste einstellen. Bei dem Polygon lassen sich z.B. Dreiecke (=drei Ecken), Achtecke oder Sterne einstellen:

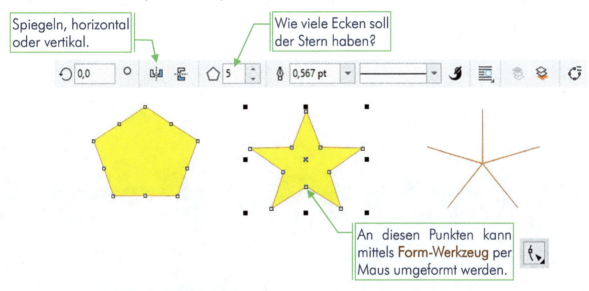

Spiegeln, horizontal oder vertikal.

Wie viele Ecken soll der Stern haben?

An diesen Punkten kann mittels Form-Werkzeug per Maus umgeformt werden.

8.3 Gängige Formen

Auch im Corel gibt es vorgefertigte Standardformen, z.B. für einen Blitz, einen Pfeil oder diverse Sterne oder Sprechblasen, ähnlich wie die AutoFormen in MS Word.

➤ Bei den Vielecken, Abb. siehe oben, finden Sie im Auswahlmenü die Formen: Grundformen, Pfeilformen usw. Eine Form-Art wählen, dann können Sie in der Eigenschaftsleiste mehr auswählen:

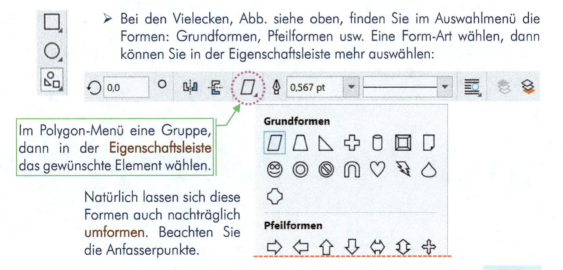

Im Polygon-Menü eine Gruppe, dann in der Eigenschaftsleiste das gewünschte Element wählen.

Natürlich lassen sich diese Formen auch nachträglich umformen. Beachten Sie die Anfasserpunkte.

9. Lineal, Nullpunkt, Gruppieren

Hilfreich ist es manchmal, den Nullpunkt passend zu verlegen, bei einem Rad z.B. in die Mitte. Oder statt im Kopf umzurechnen den Maßstab von vornherein passend einzustellen.

9.1 Lineal und Nullpunkt

(0, 0)

Um bei einer Zeichnung die Maße angeben zu können, wird ein Nullpunkt gesetzt und von diesem waagerecht (X-Achse) und senkrecht (Y-Achse) weiter gezählt.

Im Corel können im Lineal oben und links am Bildschirm die Koordinaten abgelesen werden. Aber je nach Zeichnung ist es manchmal sinnvoller, z.B. in der Mitte mit 0 anzufangen oder unten rechts.

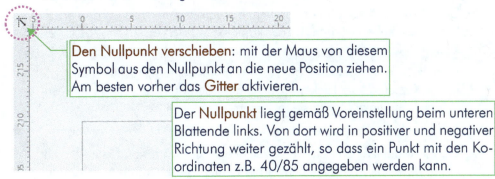

Den Nullpunkt verschieben: mit der Maus von diesem Symbol aus den Nullpunkt an die neue Position ziehen. Am besten vorher das Gitter aktivieren.

Der Nullpunkt liegt gemäß Voreinstellung beim unteren Blattende links. Von dort wird in positiver und negativer Richtung weiter gezählt, so dass ein Punkt mit den Koordinaten z.B. 40/85 angegeben werden kann.

◆ Durch Doppelklicken auf das Lineal erscheint das Einstellmenü.

   ↳ In diesem Menü könnten Sie die Einheit für das Lineal z.B. auf Meter oder Zoll umstellen oder bei Ursprung die Startposition (0,0) angeben,

   ↳ z.B. wenn Sie bei „DIN A5 quer" horizontal 210 eingeben, ist 0 auf der rechten Seite.

Wenn Sie auf die Schaltfläche Skalierung bearbeiten drücken, erscheint ein weiteres Fenster, in welchem Sie einen Maßstab vorgeben können:

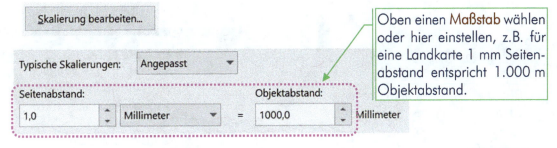

Oben einen Maßstab wählen oder hier einstellen, z.B. für eine Landkarte 1 mm Seitenabstand entspricht 1.000 m Objektabstand.

9.2 Übung Eisenbahnrad

Wir wollen ein Eisenbahnrad entwerfen. Vorbereitungen:

➤ Beginnen Sie eine neue Zeichnung, Format **100x100 cm**, folglich bei Einheiten **Zentimeter** wählen:

➤ Doppelklicken auf das Lineal und den **Ursprung** bei 50, 50 cm setzen, damit dieser genau in der Blattmitte liegt.

↪ Anschließend das Ergebnis mit der Ansicht „Ganze Seite" prüfen.

➤ **Gitter alle 5 cm** (Zentimeter entfernt) setzen sowie **Ausrichten** an Gitter und Hilfslinien einschalten.

> **Achtung!** Corel richtet trotzdem nur an den Gitterpunkten aus, wenn Sie ziemlich genau in der Nähe eines Punktes klicken oder loslassen! Beachten Sie die erscheinende Markierung „# Gitter".

➤ Setzen Sie eine **horizontale Hilfslinie bei 0 und eine vertikale bei 0**, wir haben ja den Ursprung 0,0 in die Seitenmitte verlegt.

Jetzt geht das Zeichnen ganz einfach:

➤ Zeichnen Sie einen großen Kreis: den Anfangspunkt genau in der Mitte setzen, dann bei gedrückter [Strg]+[Umschalt]-Taste den Kreis um den Mittelpunkt ziehen.

➤ Den kleineren Kreis können wir nicht einfach zeichnen, da wir den ersten Kreis verschieben würden. Daher kopieren wir den ersten Kreis und verkleinern diesen dabei:

↪ anklicken, Eckanfasser anfassen und verkleinern, **rechte Maustaste** für Kopieren kurz klicken, [Umschalt] noch drücken, Zielposition suchen und linke Maustaste loslassen.

↪ Beide Kreise markieren, dann **kombinieren** und Füllfarbe zuweisen.

➤ Genauso die kleinen Achskreise zeichnen. Hier wäre Kombinieren nicht nötig, da beide Kreise einfach farbig gefüllt werden können, sofern der kleinere Kreis vorne liegt.

➤ Jetzt die erste waagerechte Speiche zeichnen und nach hinten setzen. Das Gitter ggf. mit [Alt]-Y abschalten.

Die erste Speiche wird beim Drehen kopiert:

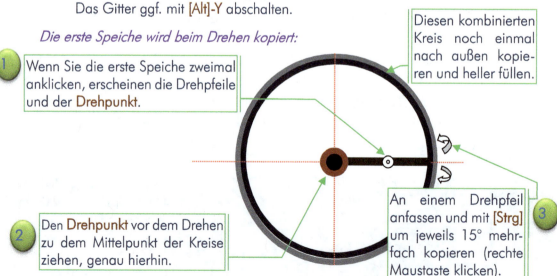

1 Wenn Sie die erste Speiche zweimal anklicken, erscheinen die Drehpfeile und der **Drehpunkt**.

Diesen kombinierten Kreis noch einmal nach außen kopieren und heller füllen.

2 Den **Drehpunkt** vor dem Drehen zu dem Mittelpunkt der Kreise ziehen, genau hierhin.

3 An einem Drehpfeil anfassen und mit [Strg] um jeweils 15° mehrfach kopieren (rechte Maustaste klicken).

9.3 Das Menü „Änderungen"

[Alt]-F7

Aktionen mit der Maus gehen schnell, doch genauso schnell sind Elemente versehentlich verschoben. Wenn es präziser gehen soll, bietet sich das Menü Fenster/Andockfenster/Ändern an.

Sie können auf den verschiedenen Karteikarten alle Aktionen wie mit der Maus durchführen, nur dass Sie hier exakte Koordinaten eingeben. Das bietet zwei Vorteile:

- ♦ Es geht gemütlicher und Sie können hier alle Aktionen rückgängig machen, auch nachdem Sie zahlreiche andere Befehle ausgeführt haben. Ein Beispiel:

  - 👆 damit gezeichnet werden kann - ohne einen Hintergrund versehentlich zu verschieben - kann dieser vorübergehend um 300 mm in den Seitenrand verschoben werden. Wenn alles fertig ist, wird der Hintergrund um -300 zurückgeschoben.

Das Eisenbahnrad perfekt zeichnen:

- ➢ Mit Rückgängig die zur Übung mittels Maus gedrehten Speichen löschen, dann die erste Speiche (der Drehpunkt ist bereits in der Mitte des Rades) mit Fenster/Andockfenster/Ändern/Drehen drehen.

  - 👆 Wenn der Drehwinkel nicht passt, rückgängig und mit anderem Winkel erneut probieren. Wie oft kopieren? Probieren oder z.B. 360°/15°=24 – 1, damit am Ausgangspunkt nicht doppelt.

Nieten ergänzen:

Das geht so gut, dass wir genauso eine Niete zeichnen und wie die Speiche um das Rad kopieren können.

- ➢ Zeichnen Sie bei starker Vergrößerung eine Niete als radial gefüllten Kreis:

- ➢ deren Drehpunkt in die Mitte des Rades verlagern und diese außen herum mit obigem Menü kopieren.

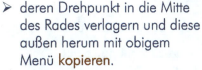

Auch Nieten (radial gefüllte Kreise) können gezeichnet und mit dem Ändern-Menü um den Mittelpunkt herum vervielfältigt werden.

- ➢ Anschließend alles mit einem großen Auswahlrahmen oder [Strg]-a markieren und gruppieren.

- ➢ Speichern Sie das Rad als „Eisenbahnrad", denn wir werden dies später in der Zeichnung Lokomotive einfügen.

9.4 Gruppieren

Komplizierte Zeichnungen sind kein Problem, wenn diese in kleine Gruppen aufgeteilt werden. Sobald z.B. ein Rad fertig ist, wird dieses zu einem Element gruppiert und kann dann beliebig oft dupliziert werden.

Vorteile des Gruppierens:

♦ Leichtes Kopieren oder Verschieben, da nur ein Objekt gewählt werden muss.

♦ Es besteht keine Gefahr mehr, versehentlich ein kleines Teil wie die Nieten zu verschieben oder zu löschen, während Sie weiterzeichnen.

Verschiedene Wege zum Gruppieren:

♦ Gruppieren können Sie per Symbol in der Eigenschaftsleiste (ziemlich rechts), im Menü (**Objekt/Gruppieren**) oder mit [Strg]-G.

   ✎ Gruppieren ist nur möglich, wenn zuvor **mehrere Elemente markiert** wurden.

   ✎ Wenn statt Gruppieren „Gruppierung aufheben" aktiv ist, ist das aktuell markierte bereits gruppiert.

Gruppieren zum Zusammenfassen.

Kombinieren zum Füllen.

Wenn Sie ein Element einer Gruppe erneut bearbeiten wollen:

♦ bei gedrückter [Strg]-Taste können einzelne Elemente aus einer Gruppe markiert und einzeln bearbeitet werden.

   ✎ Wenn Sie z.B. eine andere Farbe zuweisen wollen, müssen Sie die [Strg]-Taste zum Aufnehmen der Farbe loslassen.

♦ Oder die **Gruppierung aufheben**, Elemente wie gewohnt bearbeiten und anschließend neu gruppieren. Letzteres ist bei umfangreichen Änderungen zu empfehlen.

9.4.1 Übung Blume

Wir machen eine ähnliche, aber einfachere, Übung wie das Eisenbahnrad.

➢ Wir wollen eine Blume zeichnen: neue Zeichnung, einen **Kreis** in der Mitte und eine Ellipse für das erste Blatt.

➢ Drehen Sie die Ellipse wie Blütenblätter um den Kreis. Vor dem Drehen den **Drehpunkt** wieder in die Mitte schieben.

➢ Anschließend alles mit einem großen Auswahlrahmen oder [Strg]-a markieren und **gruppieren**.

➢ Markieren Sie bei gedrückter [Strg]-Taste einzelne Blütenblätter aus der Gruppe und ändern Sie die Farbe.

Der **Kreis** in der Mitte wurde nach hinten gesetzt.

10. Text und Symbole

10.1 Textbearbeitung in Corel

➢ Neue Zeichnung A4 quer, dann das Textwerkzeug (A) wählen.

Jetzt müssen Sie dem Computer noch sagen, an welcher Stelle Sie den Text platzieren wollen. Denn wir haben ja ein Zeichen- und kein Textprogramm und können den Text an jede beliebige Stelle setzen.

➢ In der Zeichnung an der gewünschten Stelle klicken, „Mustertext" schreiben und

➢ diesen Beispieltext einige Male kopieren, um Übungsmaterial zu erhalten. Text können Sie wie jedes andere Objekt kopieren, z.B. so:

★ mit dem Auswahlpfeil anfassen, verschieben und dabei mit der rechten Maustaste kopieren, am besten gleich mehrfach.

10.1.1 Text mit der Eigenschaftsleiste einstellen

Die einfachste Möglichkeit, den Text zu formatieren, da wie in einem Textverarbeitungsprogramm, bietet die Eigenschaftsleiste.

➢ Wenn Sie einen Text anklicken, finden Sie diese Symbole für die Textformatierung in der Eigenschaftsleiste:

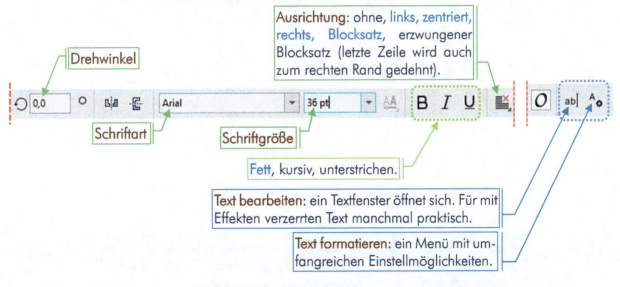

Was Sie einstellen wollen, zuerst markieren, entweder mehrere Texte bei gedrückter Umschalt-Taste mit dem Auswahlpfeil oder innerhalb eines Textes mit dem Textwerkzeug bei gedrückter linker Maustaste.

10.1.2 Text mit dem Auswahlpfeil ändern

Wenn Sie die Textbearbeitung beenden, ist der Text ein Objekt wie ein Rechteck oder eine Linie, folglich können Sie den Text ebenso bearbeiten:

- Mit dem Auswahlwerkzeug einmal anklicken,
  - um die Textgröße an den Anfasserpunkten zu ändern oder
  - um den Text anzufassen und zu verschieben (möglichst den Text treffen, auf keinen Fall die Anfasserpunkte) oder
  - beim Verschieben zwischendurch die rechte Maustaste drücken, um den Text zu kopieren.
- Mit dem Auswahlwerkzeug den Text noch einmal anklicken, dann können Sie:

Den Text an den Pfeilen in der Mitte parallel verzerren (z.B. kursiv stellen).

Der Drehpunkt kann auch mit der Maus verschoben werden.

Den Text an den Eckpfeilen drehen.

Probieren Sie zur Übung folgende Text-Arrangements:

Beachten Sie auch bei dem Text den Unterschied zwischen Linien und Füllfarbe.

Drehpunkt verlagern, kopieren und mit gedrückter [Strg]-Taste genau in 30°-Schritten (2x15°) anordnen. Oder mit Fenster/Andockfenster/Ändern. Die Textspirale anschließend zu einem Element gruppieren.

Doppelklicken auf Text schaltet zum Textwerkzeug um!

10.2 Übung Solar

Als Abschluss der Grundlagen für das Zeichnen nun eine Übung mit Linien, einem Kreis und Text. Malen Sie folgenden Briefkopf, vorher Gitter und Hilfslinien einrichten:

Vorbereitung:

➢ Neue Zeichnung, *Seite* einrichten mit 80mm Breite und 50mm Höhe, Gitter passend einstellen, zwei Hilfslinien und Ausrichten einschalten.

Kreis und Linien:

➢ Erstellen Sie den Kreis ([Strg]-Taste), diesem eine gelbe Füllung und Linie zuweisen.

➢ Malen Sie die erste senkrechte Linie:

   ✎ Diese Linie zweimal anklicken und den Drehpunkt in die Mitte der Sonne verschieben.

   ✎ Bei gedrückter [Strg]-Taste die Linien um je 15° gedreht kopieren.

➢ Rechteck für das Solarmodul zeichnen, drehen und passend anordnen, die Sonnenstrahlen bis zu diesem kürzen.

Eckenrundung:

➢ Für die Eckenrundung finden Sie in der Eigenschaftsleiste diese Regler:

Mit dem Form-Werkzeug können die Ecken manuell eingestellt werden.

Wenn das Schloss geschlossen ist, werden alle vier Ecken gleich eingestellt.

➢ Den Text schreiben und zentriert formatieren, zwei Rechtecke als Hintergrund setzen und passend farblich füllen (ein Rechteck zeichnen, dann nach unten kopieren und Füllfarbe ändern).

   ✎ Nutzen Sie das Gitter oder die Koordinatenfelder in der Eigenschaftsleiste, um für die Rechtecke gerade Koordinaten einzustellen, so dass der Text exakt in die Mitte positioniert werden kann.

➢ Alles bisher Gezeichnete mit dem Auswahlpfeil ⬉ markieren und gruppieren. Somit verwendbar als Briefkopf.

   ★ Kopieren Sie dies und fügen es in Ihr Textprogramm als Briefkopf in der Kopfzeile ein. Für beste Kompatibilität mit MS Office Programmen können Sie das Logo auch als wmf oder png exportieren. Beachten Sie auch die Möglichkeit, nur markierte Elemente zu exportieren.

10.3 Die Symbolschriften

Dem Corel-Programmpaket sind Schriften beigefügt, die statt Buchstaben Bildchen enthalten. Von diesen Schriften wurde nur eine Auswahl auf Ihrem Rechner installiert, da jede installierte Schrift Arbeitsspeicher belegt.

♦ Neue Übung, das Symbolmenü können Sie mit [Strg]-[F11] oder mit dem Befehl Text/Glypen öffnen.

Es erscheint rechts ein Andockfenster:

Mit diesen Pfeilen ⏩ kann die Symbolleiste aus-, bzw. eingeblendet, rechts mit dem X ganz abgeschaltet werden.

Hier die Schrift wählen.
Am besten beim ersten Mal in Ruhe durchblättern und anschauen, welche Schriften vorhanden sind (beachten Sie Webdings und Wingdings).

Entweder mit der Maus das gewünschte Symbol in die Zeichnung ziehen
oder
Symbol anklicken, unten „Kopieren" und dann in der Zeichnung einfügen. Letzteres geht auch mit dem Textwerkzeug in einen Text, wenn sich der Cursor beim Einfügen an der gewünschten Stelle des Textes befindet.

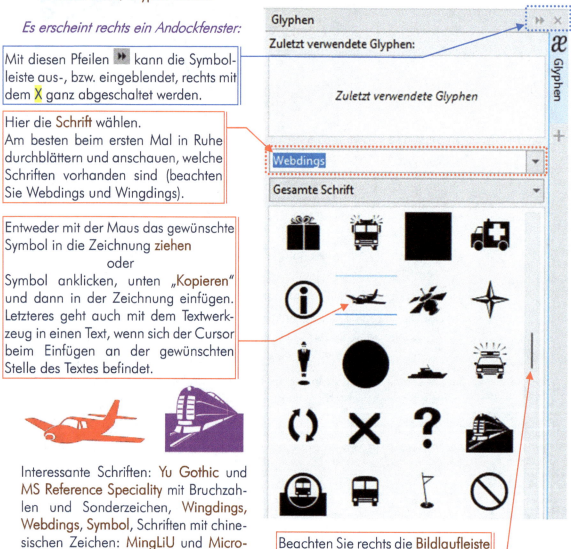

Interessante Schriften: Yu Gothic und MS Reference Speciality mit Bruchzahlen und Sonderzeichen, Wingdings, Webdings, Symbol, Schriften mit chinesischen Zeichen: MingLiU und Microsoft JhengHei.

Beachten Sie rechts die Bildlaufleiste für noch mehr Auswahl.

Symbole in Text integrieren:

Diese Spezialzeichen können auch aus diesem Corel-Menü in einen Text eingebaut werden: wenn der Text mit dem Textwerkzeug geöffnet ist (Cursor blinkt an der gewünschten Stelle) auf das Symbol Doppelklicken.

Dann wird das Sonderzeichen in den Text eingefügt, folglich mit diesem wie ein normaler Buchstabe verschoben und geändert.

Nur die Schriftart dürfen Sie nachträglich nicht mehr ändern, weil die neue Schriftart auch für das Sonderzeichen gilt. Dann das Symbol noch einmal einfügen oder diesem die Symbolschrift erneut zuweisen.

Dritter Teil

FARBEN

und Füllungen, ClipArts, Fotos

Grundlagenwissen Farbmodelle:

- ◆ CMYK, das Farbmodell von Vierfarbdruckern, u.a. also von allen Tintenstrahldruckern. Es bedeutet: C=CYAN, M=MAGENTA, Y=YELLOW, K=BLA<u>C</u>K.

- ◆ RGB ist das Farbschema von jedem Bildschirm. Alle Farben werden aus den Grundfarben ROT, GRÜN und BLAU gemischt.

    - ↳ RGB ist ein sogenanntes additives Farbschema, weil alle Farben zusammen weiß bilden (Licht wird gemischt), während bei CMYK alle Farben Schwarz, keine Farbe Weiß ergibt (= subtraktives Schema).

Symbole anders angeordnet?
Fenster-Arbeitsbereich-
Standard

11. Einfarbige Füllungen

11.1 Füllung wählen und einstellen

♦ Sie können Farben direkt rechts aus der Farbpalette wählen:

  ✍ Objekt markieren und mit der linken Maustaste die Füll-, mit der rechten die Linienfarbe ändern.

♦ Für genauere Farbauswahl oder spezielle Farbfüllungen gibt es bei diesem Symbol in der Hilfsmittelpalette folgende Optionen:

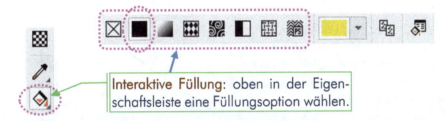

Interaktive Füllung: oben in der Eigenschaftsleiste eine Füllungsoption wählen.

11.2 Überblick Füllungen

	Typ:	Beispiel:
⊠	**Keine** Füllung / Füllung abschalten	
■	**Einfarbige** Füllung	
◣	**Farbverlaufsfüllung:** Farbübergänge zwischen zwei Farben oder über mehrere Farben.	
▦	**Vollfarben** Musterfüllung = verschiedene Farbmuster sind wählbar.	
	Spezielle Füllungen (Bitmap-Musterfüllung, Zweifarben Musterfüllung, Füllmuster, Postscript) folgen in Kapitel 13	

11.3 Die Farbpalette

> ➤ Öffnen Sie die Übung Pyramide Quadrate von S. 44, damit Sie das beschriebene ausprobieren können.

> ➤ Blenden Sie einige andere Farbpaletten ein bei Fenster/Andockfenster oder Farbpaletten/Paletten, wobei unter Process/Pantone und Spot die interessanten Paletten zu finden sind.

> ➤ Schließen Sie die neu geöffneten Farbpaletten: entweder bei Fenster/Farbpaletten/Paletten wieder abmarkieren oder bei dem Pfeil:

> Palette schließen: Pfeil anklicken, dann Palette/Schließen.

Wenn viele Farben gewählt werden sollen, ist es praktisch, die Farbpalette in die Mitte der Zeichnung zu ziehen.

So sind alle Farben leicht wählbar:

> An diesen Punkten anfassen und in die Mitte ziehen, dann an den Rändern oder Eckpunkten die Fenstergröße einstellen.

> Zurück: oben im Balken anfassen und mit der Maus an den rechten Fensterrand zurückziehen, bis der farblich hinterlegte Markierungsrahmen erscheint.

Standard-Palette

> An den Rändern anfassen, um mit gedrückter Maustaste die Fenstergröße einzustellen.

◆ Bei Fenster/Farbpaletten finden Sie interessante Befehle für Paletten, z.B. kann aus den in der aktuellen Grafik verwendeten Farben eine neue Palette erstellt oder mit Alle Paletten schließen können alle geöffneten Paletten wieder ausblendet werden, um dann eine gewünschte Palette wieder einzublenden.

Statt mit den Paletten können Sie auch jede Farbe manuell einstellen, was im nächsten Kapitel folgt.

11.4 Farben einstellen

Folgendermaßen können Sie auch eine Farbe beliebig auswählen:

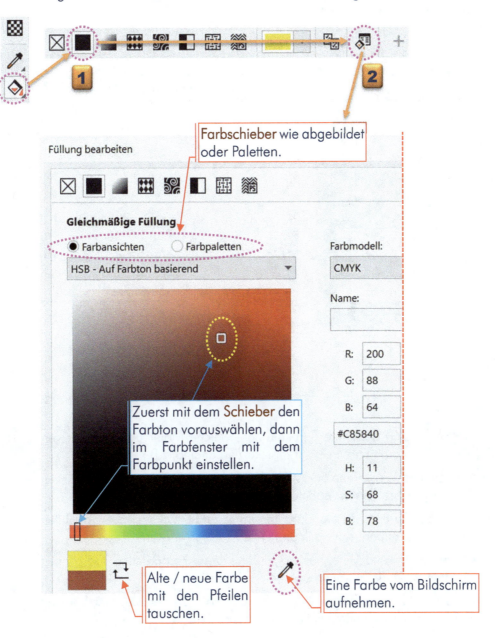

Farbschieber wie abgebildet oder Paletten.

Füllung bearbeiten

Gleichmäßige Füllung

○ Farbansichten   ○ Farbpaletten

HSB - Auf Farbton basierend

Farbmodell:

CMYK

Name:

R:	200
G:	88
B:	64
#C85840	
H:	11
S:	68
B:	78

Zuerst mit dem **Schieber** den Farbton vorauswählen, dann im Farbfenster mit dem Farbpunkt einstellen.

Alte / neue Farbe mit den Pfeilen tauschen.

Eine Farbe vom Bildschirm aufnehmen.

Mit der Maus direkt am Objekt Farben einstellen:

Bei einfarbigen Füllungen kann die Farbe rechts aus der **Farbpalette** mit der Maus gewählt werden, bei mehrfarbigen Füllungen erscheint beim Anklicken ein Einstellpfeil.

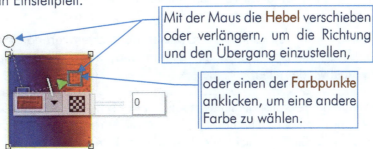

Mit der Maus die **Hebel** verschieben oder verlängern, um die Richtung und den Übergang einzustellen,

oder einen der **Farbpunkte** anklicken, um eine andere Farbe zu wählen.

11.5 Genormte Farbpaletten

Auch bei den Farbpaletten gibt es einige zur Auswahl. Schalten Sie im vorigen Menü zu den Farbpaletten um:

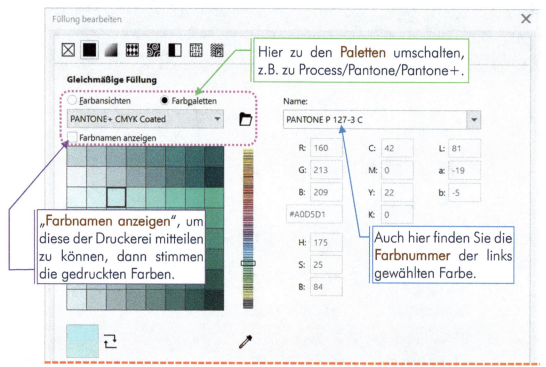

Über die Paletten:

- **Paletten** sind genormte Farbkataloge, welche Maler und Drucker verwenden, damit Farben exakt reproduzierbar sind, z.B.:

- nach dem **Focoltone**-Farbschema genormte Farben verwenden Sie, wenn Sie Ihre Raufasertapete streichen.

- **Pantone**-Farben: der Standard im Grafik- und Druckereiwesen, auch bei Innenausstattung, Kosmetik und Produktdesign verwendet.

- Die Drucker und Maler haben **Kataloge** dieser Farbpaletten und können damit exakt die gewünschte Farbe reproduzieren.

- Bei **Fenster/Farbpaletten** finden Sie alle Paletten-Befehle, hier könnten Sie auch eine eigene Palette zusammenstellen.

Die Paletten sind sehr wichtig, wenn eine Farbe genau stimmen soll:

- Wechseln Sie den Maler oder die Druckerei, ist das Briefpapier oder die Visitenkarte wieder in der genau gleichen Farbe.
  - ↳ Wenn Sie im Corel diese Paletten verwenden und dem Drucker die **Nummern angeben**, passen die Farben wie geplant.
  - ↳ Am besten wäre es, wenn Sie auch einen gedruckten **Farbpaletten-katalog** vorliegen hätten, da Ihr Monitor und Drucker die Farben nicht exakt wiedergeben.

> Die Verwendung der Farbpaletten ermöglicht identische Farben z.B. auf Visitenkarten, Briefköpfen, Firmenschildern, Anstrich usw. Je nach Ausgabe sind im CorelDRAW nicht alle, bzw. andere Paletten verfügbar.

11.6 Intelligente Füllung

Intelligente Füllung: eine Füll- und Linienfarbe bestimmen und dann die zu füllende Fläche anklicken. Smart, da Schnittflächen automatisch erkannt werden. Mit der intelligenten Füllung können Sie Schnittflächen ausfüllen lassen.

> ➢ Rechteck und Kreis zeichnen und ausprobieren.

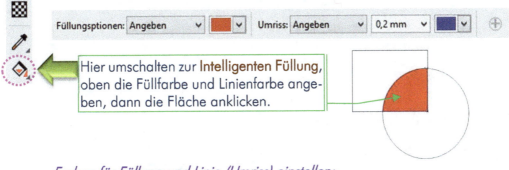

Hier umschalten zur Intelligenten Füllung, oben die Füllfarbe und Linienfarbe angeben, dann die Fläche anklicken.

Farben für Füllung und Linie (Umriss) einstellen:

Beachten Sie im Einstellmenü oben die Möglichkeit, Farbscheibe, Farbregler oder Paletten zur Farbauswähl zu wählen.

Intelligente Füllung erzeugt Kopien:

Die intelligente Füllung erzeugt bei den angeklickten Schnittflächen gefüllte Kopien, darunter bleiben die Originale erhalten.

> ➢ Probieren Sie dies aus, indem Sie Bereiche füllen und dann mit der Maus wegschieben:

Gefüllte Flächen werden neue Objekte.

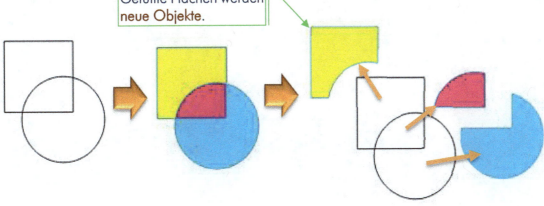

12. Farbverlaufsfüllungen

Farbverlaufsfüllungen sind sehr schön und vielfältig einstellbar.

> ➢ Wir bleiben bei der Übung „Pyramide Quadrate" (s. S. 44).
> ➢ Wieder bei dem **Farbeimer** die „interaktive Füllung" wählen.

Dieses Auswahlfenster kennen Sie bereits. Jetzt zu den anderen Funktionen:

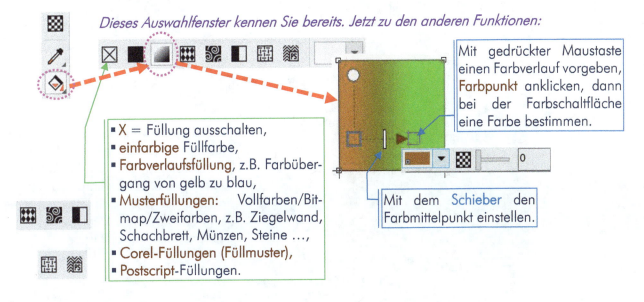

Mit gedrückter Maustaste einen Farbverlauf vorgeben, **Farbpunkt** anklicken, dann bei der Farbschaltfläche eine Farbe bestimmen.

- X = Füllung ausschalten,
- **einfarbige** Füllfarbe,
- **Farbverlaufsfüllung**, z.B. Farbübergang von gelb zu blau,
- **Musterfüllungen:** Vollfarben/Bitmap/Zweifarben, z.B. Ziegelwand, Schachbrett, Münzen, Steine …,
- **Corel-Füllungen** (Füllmuster),
- **Postscript-**Füllungen.

Mit dem **Schieber** den Farbmittelpunkt einstellen.

Probieren Sie die verschiedenen Füllungen aus:

Text kann auch gefüllt werden.

12.1 Farbverlaufsfüllung einstellen

Sie können eine Füllung jederzeit **ändern**. Probieren wir es aus. Die Farbverlaufsfüllung soll im **-37°-Winkel** verlaufen.

➢ **Farbeimer**, dann ein neues Rechteck anklicken und in der Eigenschaftsleiste ganz rechts **Füllung bearbeiten**:

Die **Interaktive Füllung** könnte mit der Maus oder in der Eigenschaftsleiste eingestellt werden, bei **Füllung bearbeiten** (Farbeimer rechts in der Eigenschaftsleiste) erscheint ein Menü zum Einstellen.

Das Menü Farbverlaufsfüllung, die Grundlagen:

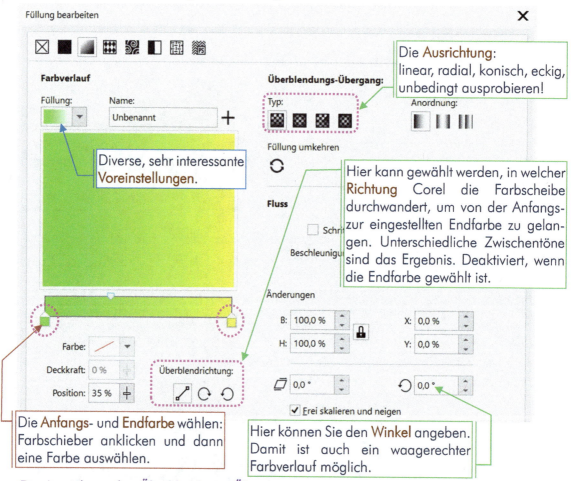

Füllung bearbeiten

Farbverlauf

Füllung: Name: Unbenannt

Diverse, sehr interessante **Voreinstellungen**.

Farbe:
Deckkraft: 0 %
Position: 35 %

Überblendungs-Übergang:

Die **Ausrichtung**: linear, radial, konisch, eckig, unbedingt ausprobieren!

Typ: Anordnung:

Füllung umkehren

Hier kann gewählt werden, in welcher **Richtung** Corel die Farbscheibe durchwandert, um von der Anfangs- zur eingestellten Endfarbe zu gelangen. Unterschiedliche Zwischentöne sind das Ergebnis. Deaktiviert, wenn die Endfarbe gewählt ist.

Fluss

☐ Schri...

Beschleunigu...

Änderungen

B: 100,0 %   🔒   X: 0,0 %
H: 100,0 %   Y: 0,0 %

Überblendrichtung:

0,0 °   0,0 °

✔ **Frei skalieren und neigen**

Die **Anfangs-** und **Endfarbe** wählen: Farbschieber anklicken und dann eine Farbe auswählen.

Hier können Sie den **Winkel** angeben. Damit ist auch ein waagerechter Farbverlauf möglich.

Die Ausrichtung bei Überblendungs-Übergang:

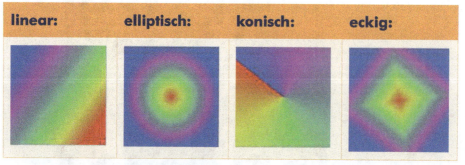

linear: **elliptisch:**   **konisch:**   **eckig:**

➢ Verschiedene Farbverlaufsfüllungen einigen Quadraten **zuweisen**.

12.2 Mehrfarben-Füllung

Mit diesen Einstellmöglichkeiten für den Farbverlauf kann auch eine zwei- oder mehrfarbige Füllung erzielt werden.

Farbverlauf einstellen für Mehrfarben-Farbverläufe:

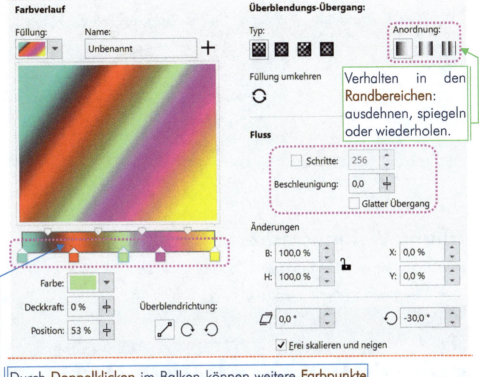

Durch **Doppelklicken** im Balken können weitere **Farbpunkte** gesetzt werden, dann für den neuen Farbpunkt eine **Farbe** auswählen. Die Punkte können mit der Maus verschoben werden. Nochmal Doppelklicken **löscht** einen Farbpunkt wieder.

- Die **Anfangs- und Endfarbe** kann an den quadratischen Kästchen am linken und rechten Ende des Balkens gewählt werden.

- Es können beliebig viele **weitere Farbpunkte** gesetzt werden. Für jeden Punkt kann eine **Farbe** bestimmt werden.

- Angeklickte Farbpunkte können mit der Maus verschoben werden.

Die voreingestellten **256 Farbstreifen (Schritte)** bewirken fließende Übergänge, da die feinen Streifen nicht zu erkennen sind. Mehr Streifen bewirken unnötigen Rechenaufwand, manchmal ist es jedoch erwünscht, die Zahl der Streifen absichtlich zu reduzieren, damit die einzelnen Farbstreifen sichtbar werden, so kann z.B. eine Fahne generiert werden.

- Hier können Sie eine beliebige **Zahl der Streifen** einstellen:

- Bei Änderungen kann die Größe des Farbverlaufs eingestellt werden, z.B. bei 80% bleiben die 20% am Rand mit der Anfangs- und Endfarbe ohne Farbverlauf.

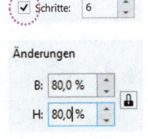

♦ **Die Anordnung:** mit dem Symbol wird der Farbverlauf so angepasst, dass das Objekt von der Anfangs- bis zur Endfarbe gefüllt wird,

    ↳ mit dem mittleren Symbol wird von beiden Seiten ausgehend gefüllt

    ↳ und mit dem rechten wird der Farbverlauf, falls das Objekt größer ist, wie Kacheln wiederholt.

Anordnung:

Standard-Farbverlauf:	Wiederholen und Spiegeln:	Wiederholen:

12.3 Übung Weihnachtskarte

Eine Übung mit vielen Farbverläufen. So sollte es werden:

➢ Verwenden Sie das Papierformat **Briefumschlag C5 quer**:

Malen Sie eine Baumkrone mit Polylinien (beim Stift):

➢ Mit der **Polylinie** reicht einmal klicken zum Fortsetzen, Doppelklicken beendet. Erst grob zeichnen, am Ende zum Anfangspunkt.

    ↳ Bei der **Essentials-Ausgabe** gibt es die Polylinie nicht, dann einfach mit der normalen Linie zeichnen: Doppelklicken zum Fortsetzen.

➢ dann zur Korrektur das **Hilfsmittel Form** (zum Umformen) wählen und die Punkte passend verschieben.

➢ Abschließend eine **grüne Füllung** einstellen.

Den Baumstamm und den Schmuck:

➢ Malen Sie den **Stamm** mit brauner Füllung dazu, hierfür ist eine **Freihandlinie** günstiger. Den Stamm etwas zu hoch zeichnen, dann nach hinten setzen, auf diese Art muss der Übergang nicht exakt gezeichnet werden.

➢ Als letztes den **Schmuck** als gefüllte Kreise einmal zeichnen, dann mehrfach kopieren. Ideal: **Farbverlaufsfüllung radial oder rechteckig** oder eine Voreinstellung.

> Entweder eine **normale Linie:** mit Doppelklicken weiter, für den Anfangs- und Endpunkt einmal klicken oder **Polylinie (nicht bei Essentials):** einmal klicken zum Weiterzeichnen, Doppelklicken beendet.

Baum zu einem Element gruppieren und verdoppeln:

➢ **Markieren** Sie den ganzen Baum, indem Sie mit dem **Auswahlpfeil** ein großes Rechteck um den ganzen Baum ziehen, dann **Gruppieren** (per Symbol oder Befehl bei Anordnen).

↳ Jetzt lässt sich der Baum leicht **kopieren** und auf die andere Seite schieben.

Die Geschenke:

➢ Zeichnen Sie die **Geschenke**, jedes mit einer anderen Füll- und Linienfarbe als gefüllte Rechtecke.

➢ Setzen Sie die Geschenke entsprechend **nach vorn** oder **nach hinten.** Abschließend Geschenke **gruppieren.**

➢ Im Beispiel wurde eine **gängige Form** verwendet (bei dem Sechseck-Symbol wählbar), selbstverständlich könnten Sie auch ein passendes Geschenk-ClipArt suchen und einfügen.

Text und Hintergrund:

➢ Den **Text** ganz normal mit dem Textwerkzeug schreiben und mit der Maus passend anordnen, ein Rechteck mit **Farbverlaufsfüllung** und Eckenrundung hinter den oberen Textblock,

➢ bei den **Grundformen** finden Sie das Banner und

➢ ein **großes Rechteck** um die ganze Zeichnung, dieses nach hinten setzen und einen ähnlichen Farbverlauf wie bei dem Rechteck hinter Frohe Weihnachten, nur mit vertauschten Farben, zuweisen.

12.4 Übung Pappenheimer

Erstellen Sie eine Vorlage für ein Türschild aus Aluminium.

Zeichnung vorbereiten:

➢ Neue Datei, Seitenformat DIN A5 hoch. An Gitter ausrichten mit einer Gitterweite von 5mm.

➢ Setzen Sie die Hilfslinien als Randbegrenzungen.

Rechtecke kopieren:

➢ Zeichnen Sie das erste Rechteck und passen Sie dieses in der Größe an.

➢ Die erste Reihe durch Kopieren vervollständigen. Gegebenenfalls wieder löschen und die Größe des ersten Rechtecks ändern.

 ➢ Erste Reihe Gruppieren und nach unten dreimal kopieren,

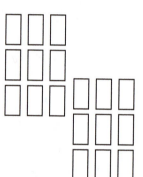

➢ dann den ganzen Block gruppieren und auf einmal zu dem zweiten Block kopieren.

➢ Markieren Sie alle Rechtecke, dann eine Farbverlaufsfüllung ungefähr wie abgebildet zuweisen (s. nächste Seite).

    ↪ Schräge Farbverlaufsfüllungen sind auch sehr interessant, einfach einen Winkel einstellen.

➢ Den Text ergänzen, dabei Pappen- schreiben, an anderer Stelle klicken und heimer schreiben, wieder an anderer Stelle klicken und Manufaktur schreiben

    ↪ jetzt können diese Grafiktexte mit der Maus links und rechts bündig an den Hilfslinien angeordnet werden sowie nach oben, um die Schrifthöhe passend einzustellen.

    ↪ Anschließend den Text markieren und eine andere Farbverlaufsfüllung zuweisen.

➢ Den unteren Text schreiben und formatieren.

➢ Alle Texte markieren und einen hinterlegten Schatten (bei Essentials nicht verfügbar) zuweisen: oben in der Eigenschaftsleiste statt Voreinstellung „Kleines Leuchten" und die Schattenfarbe passend wählen:

➢ Abschließend ein Rechteck so groß wie die Seite zeichnen, füllen und als Seitenhintergrund nach hinten setzten.

12.5 Übung Lokomotive

Diese Zeichnung ist schon anspruchsvoll, in einem Kurs mit Unterstützung aber eine gute Übung, die zeigt, dass es gar nicht so schwierig ist, komplexe Zeichnungen zu erstellen.

➢ Neue Datei, bei Einheiten auf Meter umschalten und dann 30 Meter lang und 10 Meter hoch einstellen. Ganze Seite anzeigen und das Gitter auf je 0,2m stellen und aktivieren.

➢ Fast alles (Lokomotive, Fenster, Waggon …) ist einfach aus Rechtecken gezeichnet, die farbig gefüllt wurden:

↳ Lokomotive mit Farbverlauf Typ linear „schwarz-weiß-schwarz" horizontal, also um 90° gedreht, Schornsteine mit dem gleichen Farbverlauf vertikal, s. S. 71).

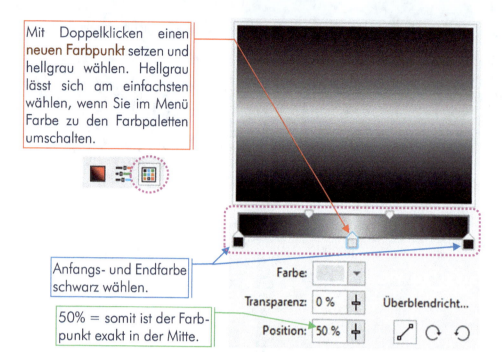

Mit Doppelklicken einen **neuen Farbpunkt** setzen und hellgrau wählen. Hellgrau lässt sich am einfachsten wählen, wenn Sie im Menü Farbe zu den Farbpaletten umschalten.

Anfangs- und Endfarbe schwarz wählen.

50% = somit ist der Farbpunkt exakt in der Mitte.

Farbe:

Transparenz: 0 % +   Überblendricht...

Position: 50 % +

90,0 °

➤ Die Spitze, Hirschfang, die Sterne und den ersten Schornstein mit dem Werkzeug Vieleck erstellen, jeweils die Eckenzahl anpassen.

➤ Ein Rad haben wir bereits in einer separaten Zeichnung erstellt, die Übung finden Sie auf S. 54. Dieses Rad in diese Zeichnung kopieren, passend anordnen und bei gedrückter [Umschalt]-Taste genau horizontal mehrfach kopieren.

➤ Am Ende für den Hintergrund zwei große Rechtecke zeichnen, das obere mit blauem Farbverlauf, das untere grün füllen und nach hinten setzen (Eigenschaftsleiste).

➤ Die Rauchwolken mit der Freihandlinie oder Polylinie zeichnen. Hierfür Gitter ausschalten und Maus erst loslassen, wenn Sie den Anfangspunkt wieder erreicht haben, damit die Figur geschlossen ist und gefüllt werden kann.

13. Spezielle Füllungen

Zur Veranschaulichung einige Beispiele, was im Folgenden vorgestellt wird:

Bei der Schulversion sowie Essentials ist die Zahl der vorgefertigten Füllmuster leider stark reduziert. Manche Füllmuster sind falsch einsortiert, z.B. „Äpfel" bei Vollfarben anstatt bei Bitmaps, also alle Füllungen ab und zu mal anschauen.

13.1 Vollfarben-Musterfüllungen

Hier finden Sie zahlreiche Füllmuster.

♦ Vollfarben-Musterfüllungen sind von Grafikern gezeichnete bunte Füllmuster, z.B. Farbstreifen oder gefüllte Kreise.

Eine Vollfarben-Füllung zuweisen:

➢ Bei der Übung „Pyramide aus Quadraten" ein weiteres Rechteck markieren und bei dem Farbeimer die Musterfüllungen wählen.

Füllungsart, dann hier aus der Abrollliste eine Füllung auswählen.

13.2 Bitmap-Musterfüllungen

Hier finden Sie Füllungen aus echten Fotos, z.B. von oben fotografiertes Metallblech oder Immergrün, schade, bei früheren Versionen gab es hier viel mehr Auswahl, z.B. Kaffeebohnen, von oben fotografierte Kirschen usw.

- ♦ Bei Bitmap-Musterfüllungen sind echte Fotos, z.T. auch bearbeitet, als Füllung verwendbar. Eigene Füllmuster können ergänzt werden.

bmp

- ↳ Von Bitmap kommt die Dateiendung **bmp**, vor Jahrzehnten von Windows für die Windows-Hintergrundbilder verwendet.
- ↳ Damit ist klar, dass wir es hier mit einer Pixel-Füllung zu tun haben, die sich also aus Punkten zusammensetzt – mit allen Nachteilen wie gezackten Kanten.

Eine Bitmap-Füllung zuweisen:

- ➢ Markieren Sie ein weiteres Rechteck und weisen Sie eine Bitmap-Füllung zu. Wie bei der Vollfarben-Musterfüllung einfach aus dem Vorschaufenster eine Füllung auswählen.
- ↳ Beachten Sie, dass Sie anschließend an den Hebel-Anfassern die Füllungsgröße und -drehung einstellen können.

13.3 Zweifarben-Füllung

- ♦ Die Füllmuster „Zweifarben" sind gemalte Muster aus nur zwei Farben im Gegensatz zu den bunten Vollfarben-Füllungen.
- ↳ Die Voreinstellung bei Zweifarben ist Schwarz-Weiß, jedoch können Sie mit den Farb-Schaltflächen die Muster schön bunt machen.

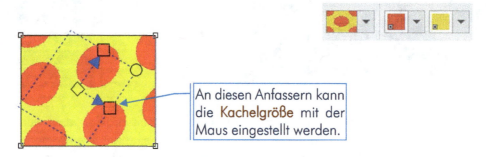

An diesen Anfassern kann die Kachelgröße mit der Maus eingestellt werden.

13.4 Füllmuster – die CorelDRAW-Füllmuster

Diese von Grafikern gezeichneten Corel-Füllmuster sind die schönsten Muster dieser Sammlung, die z.B. hervorragend als Hintergrund für ein Buch-Titelblatt geeignet sind.

- ➢ Neues Rechteck markieren, wählen Sie die Füllmuster, in der Eigenschaftsleiste können Sie nun eine Füllung auswählen:

Hier eine Sammlung wählen.

Dann hier ein Füllmuster aussuchen.

Weitere Einstellmöglichkeiten finden Sie im Füllungsmenü:

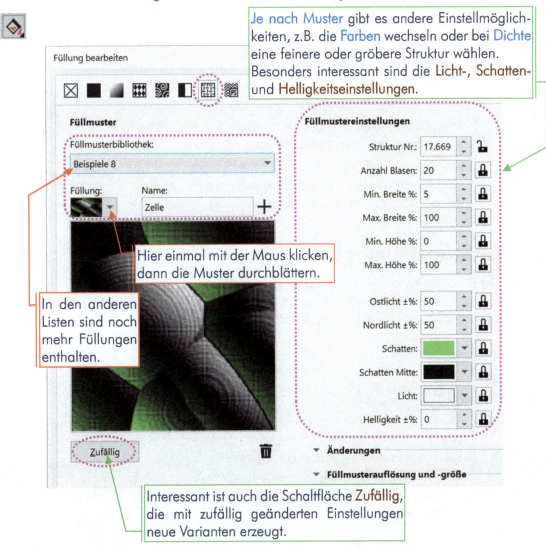

Je nach Muster gibt es andere Einstellmöglich-keiten, z.B. die Farben wechseln oder bei Dichte eine feinere oder gröbere Struktur wählen. Besonders interessant sind die Licht-, Schatten- und Helligkeitseinstellungen.

Füllung bearbeiten

Füllmuster

Füllmusterbibliothek:

Beispiele 8

Füllung: Name:

Zelle

Hier einmal mit der Maus klicken, dann die Muster durchblättern.

In den anderen Listen sind noch mehr Füllungen enthalten.

Füllmustereinstellungen

Struktur Nr.: 17.669
Anzahl Blasen: 20
Min. Breite %: 5
Max. Breite %: 100
Min. Höhe %: 0
Max. Höhe %: 100

Ostlicht ±%: 50
Nordlicht ±%: 50
Schatten:
Schatten Mitte:
Licht:
Helligkeit ±%: 0

Zufällig

▼ Änderungen

▼ Füllmusterauflösung und -größe

Interessant ist auch die Schaltfläche Zufällig, die mit zufällig geänderten Einstellungen neue Varianten erzeugt.

- ♦ **Füllmusterbibliothek**: hier sind noch **mehr Füllmuster** verborgen.

- ♦ **Struktur-Nr. und Anzahl Blasen**: durchklicken, um verschiedene Varianten dieses Musters aufzurufen, mit mehr oder weniger Blasen gibt es unzählige Möglichkeiten für neue Füllmuster.

+

- ♦ **Geänderte Füllmuster** können mit dem + in der Füllmusterbibliothek gespeichert werden, mit dem Papierkorb-Symbol wir das aktuelle Muster gelöscht.

🗑

13.5 Postscript-Füllungen

Postscript ist eine von Adobe in den frühen 1980er Jahren entwickelte standardisierte Druckersprache. Der Vorteil lag darin, dass die Ausdrucke vom PC-Drucker identisch mit denen in einer Druckerei waren, sofern beide die Postscript-Druckersprache verwenden. Heute wird meist das PDF-Format, ebenfalls von Adobe, für ähnliche Zwecke verwendet.

- ♦ Zur **Postscript-Füllung** umschalten. Schauen Sie sich die Postscript-Füllmuster an, einige sind farbig.

Spiralen

13.6 Die Kachelgröße

Das Musterbild ist meist kleiner als das zu füllende Objekt. Darum wird die Füllung aus mehreren Bildern (Kacheln) zusammengesetzt.

Kachel

- ◆ Sie können bei „Änderungen" eine Kachelgröße genau vorgeben, allerdings nicht bei den Postscript-Füllungen.
  - ↳ Ist das Schloss geschlossen, werden beide Dimensionen gleichzeitig geändert.

- ◆ Die Option "Mit Objekt ändern" bewirkt, dass bei nachträglichen Größenänderungen des Objektes die Füllung mitskaliert wird.

13.7 Bitmap-Muster laden

Die Bitmap-Muster sind echte Fotos. Darum kann auch jedes andere Bild als Füllung verwendet werden, z.B. vom Internet heruntergeladene Fotos, wenn Sie bei den Bitmap-Füllungen diese Schaltfläche wählen:

Speichermedien durchsuchen, um andere Fotos als Füllung zu verwenden.

- ◆ Wenn Sie nur einen Ausschnitt eines Fotos als Füllmuster speichern möchten: im Photo-Paint öffnen, unter anderem Namen speichern und auf den gewünschten Ausschnitt zuschneiden.
  - ↳ Mit Objekt/Erstellen/Musterfüllung können Sie im Photo-Paint einen Bereich der aktuellen Zeichnung wählen und als neue Füllung speichern.

13.8 Füllung übernehmen

Wenn Sie die Füllung eines Objektes erneut aufnehmen möchten, um diese einem anderen Objekt zuzuweisen, geht das mit der Pipette. Die Anwendung ist, gewusst wie, ganz einfach, wobei das Auswahlmenü zu beachten ist:

- ◆ Mit der Farbpipette kann eine Farbe, jedoch kein Füllmuster, aufgenommen und dann auf einem anderen Objekt ausgegossen werden.

- ◆ Ein Füllmuster kann mit der Eigenschaftenpipette aufgenommen werden, hierfür auf der Farbpipette die Maustaste solange gedrückt halten, bis das Auswahlmenü aufklappt.
  - ↳ Dann die gewünschte Füllung anklicken, anschließend kann diese beliebig vielen anderen Objekten zugewiesen werden.
- ◆ Alternativ kann mit „Bearbeiten/Eigenschaften kopieren von" z.B. die Füllung eines Objektes kopiert werden:
  - ↳ Zierobjekt markieren, dann „Bearbeiten/Eigenschaften kopieren von" wählen und das Quellobjekt mit dem Pfeil anklicken.

14. ClipArts und Schatten

14.1 ClipArts oder Fotos einfügen

Sie können ClipArts und Fotos von beliebigen Medien importieren, etwa der Corel-DVD, falls vorhanden, anderen ClipArt-Sammlungen, aus dem Internet oder von der Corel-Online-Bibliothek.

- ♦ Bereits auf Ihrer Festplatte gespeicherte Fotos können in die aktuelle Zeichnung eingefügt werden

  - ↳ über den Windows Explorer: mit gedrückter Maustaste in die Zeichnung ziehen,

  - ↳ mit Importieren oder

  - ↳ auf dem Foto die rechte Maustaste/kopieren und im Corel einfügen.

- ♦ Ebenso möglich mit dem Hilfsprogramm Corel „Assets" (Fenster/Andockfenster, hieß früher Corel Connect), hiermit können auch Corel-Inhalte online herunterladen und importiert werden.

Übung Fotos oder ClipArts im Internet suchen:

- ➢ Starten Sie Ihren üblichen Internet Browser, tragen Sie oben einen Suchbegriff ein, z. B. animal oder plane, mit Return bestätigen und zu dem Reiter Fotos oder Bilder umschalten.

- ➢ Gewünschtes Foto zuerst anklicken, damit statt dem Vorschaubild das Foto angezeigt wird, dann darauf rechte Maustaste, kopieren, zur CorelDRAW Zeichnung wechseln und dort rechte Maustaste/einfügen.

  - ↳ Im Internet-Browser rechte Maustaste auf dem Foto, und Bild speichern unter, falls Sie dieses auf Ihrer Festplatte speichern wollen, dann können Sie dieses in CorelDRAW oder Photo-Paint importieren.

Symbole anders angeordnet?
Fenster-Arbeitsbereich-
Standard

14.2 Corel Assets

Viele ClipArts, die in eigene Zeichnungen eingefügt werden könnten, sind fertig auf der Corel-Webseite. Diese sollten Sie sich folglich einmal anschauen, da Sie sich viel Arbeit sparen können, wenn Sie ein fertiges Objekt verwenden.

♦ So starten Sie Assets: **Fenster/Andockfenster/Assets**, einfach die Liste durchsehen oder oben statt „Alle Inhalte" eine Kategorie auswählen oder ggf. oben einen Suchbegriff eintragen, z.B. Hund, Baum usw.

In die Zeichnung einfügen:

♦ In die Zeichnung einfügen geht wie üblich: mit **gedrückter linker Maustaste** in den Zeichenbereich ziehen oder rechte Maustaste darauf und importieren oder anklicken und unten das Symbol Importieren wählen.

 ✎ Wenn Sie ein ClipArt z.B. auf ein vorher markiertes Rechteck ziehen, wird das Foto als Füllung für dieses Rechteck eingefügt.

Bei der Home & Student Ausgabe sind nur wenige Inhalte zu finden.

Anmerkungen zu Corel Assets[2]:

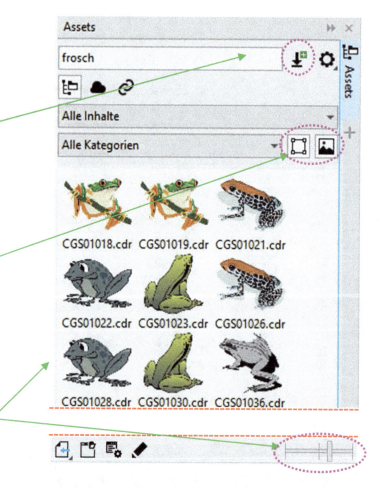

„Weitere Werkzeuge": In diesem Fenster können weitere Programme, ClipArt- und Fotosammlungen heruntergeladen werden, manchmal sind auch kostenlose dabei.

Oben einblenden: Vektorbilder, oder Pixelbilder: einmal anklicken zum Anzeigen, nochmal klicken zum Ausblenden. Ist nichts gewählt, wird natürlich auch nichts angezeigt

Sie können die **Fenstergröße** am linken Rand von Assets und die ClipArt-Größe mit dem Zoom-Schieber unten im Assets-Fenster ändern.

---

[2] Hieß früher „Connect".

14.3 Übung Geburtstagseinladung

Eine Übung bezüglich des Einfügens von ClipArts. Bei den unzähligen fertigen ClipArts ist es nur im professionellen Bereich erforderlich, selbst zu zeichnen.

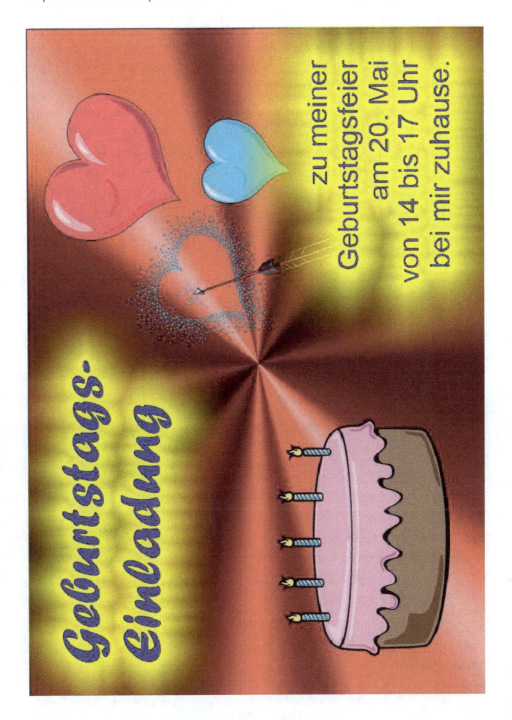

- ➢ Neue Zeichnung DIN A4 quer.

- ➢ Suchen Sie im Web-Browser z.B. „birthday cliparts", dann zu dem Reiter Bilder,

- ➢ ein passendes ClipArt anklicken zum Vergrößern,

- ➢ rechte Maustaste/kopieren, dann in Corel einfügen.

14.3.1 Der Hintergrund über die ganze Seite

➤ Den Hintergrund über alles können Sie ganz einfach erstellen, indem Sie ein Rechteck genauso groß wie die Seite zeichnen, passend füllen und nach hinten setzen.

↪ Hier wurde eine konische Farbverlaufsfüllung selbst erstellt: Farbverlauf/bearbeiten/konisch, dann viele Farbpunkte setzten und als Anordnung „Wiederholen und Spiegeln" wählen, damit kein Anfang oder Ende sichtbar ist.

♦ Wenn Sie den Hintergrund zuerst zeichnen, würden Sie, wenn Sie ein Element verschieben, oft versehentlich den Hintergrund erwischen.

↪ Das kann folgendermaßen verhindert werden: rechte Maustaste auf dem Hintergrund-Rechteck, dann sperren wählen. Mit rechter Maustaste/Sperrung aufheben wieder rückgängig.

♦ Mit dem Befehl Layout/Seitenhintergrund können Sie ein Foto als Hintergrundbild laden oder eine einfarbige Hintergrundfarbe bestimmen, aber keine Farbverlaufsfüllung.

↪ Gelegentlich praktisch ist hier die Option „Hintergrund drucken und exportieren" bei Layout/Seitenhintergrund. Wenn Sie dies deaktivieren, können Sie durch eine Hintergrundfarbe ein gefärbtes Papier am Bildschirm simulieren, ohne dass diese Farbe gedruckt werden würde.

14.3.2 Der hinterlegte Schatten (nicht bei Essentials)

Leider fehlt dieser Effekt bei der Essentials-Edition. Dann verwenden Sie das im Kapitel 9.3 und 18.1 beschriebene Menü „Ändern", um eine z.B. um 0,1mm versetzte Kopie zu erzeugen, was ganz links bei Position geht, und weisen dieser Kopie eine andere Farbe zu, fertig ist ein selbstgemachter Schatten. Sie können in diesem Ändern-Menü diesen Schatten auch statt kopieren minimal verschieben, um die Position anzupassen.

Jetzt erst folgt der Text, da wir unseren ersten Effekt anwenden, indem diesem ein Schatten zugewiesen werden soll.

➤ Schreiben Sie den Text als zwei Textblöcke, beide dann getrennt wie abgebildet anordnen und einstellen.

➤ Dem Text eine passende Farbe oder Farbverlaufsfüllung zuweisen.

Bei Text ist ein hinterlegter Schatten schön, auch ein verlaufender Schatten ist realisierbar.

Das Auswahlmenü für die Effekte aufklappen und den Schatten wählen (bei Essentials fehlen die meisten dieser Effekte).

➤ Entweder vom Text beginnend mit gedrückter Maustaste einen Pfeil ziehen, der den Schatten provisorisch vorgibt oder oben in der Eigenschaftsleiste eine Voreinstellung, z.B. „mittleres Leuchten", wählen.

Mit der Maus am Beispieltext:

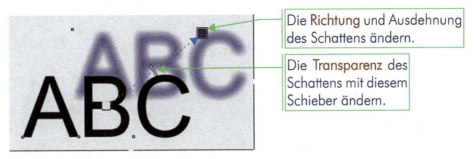

Die Richtung und Ausdehnung des Schattens ändern.

Die Transparenz des Schattens mit diesem Schieber ändern.

Die Eigenschaftsleiste für den hinterlegten Schatten:

Schön ist die Voreinstellung „... Leuchten".

Die Deckkraft des Schattens ist je nach Farbe anders zu wählen.

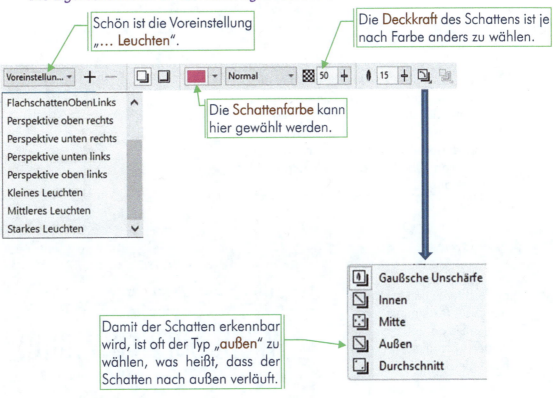

Die Schattenfarbe kann hier gewählt werden.

Damit der Schatten erkennbar wird, ist oft der Typ „außen" zu wählen, was heißt, dass der Schatten nach außen verläuft.

Auf einem dunklen Hintergrund ist eine hellere Farbe sinnvoll und umgekehrt.

Notizen: ....

....

....

....

....

....

....

....

....

14.4 ClipArts einfügen

Eine kleine Werbeanzeige:

➢ Neue Zeichnung, DIN A5 Hochformat.

➢ Importieren Sie ein ClipArt für das Sektglas, hierfür z.B. im Internet nach „wine glass drawing" suchen, Größe anpassen und anordnen.

Gitter einstellen und Hilfslinien als Seitenränder, um den Text bündig anordnen zu können.

★ eine Ellipse ähnlich der rot punktierten zeichnen, dann hinter das ClipArt setzen (rechte Maustaste/Anordnung/hinter).
★ Der Ellipse eine weiße Füllung zuweisen und diese leicht transparent, ca. 20%, einstellen. Somit wird der Hintergrund etwas ausgeblendet.

Ein leichter Schatten macht sich bei Text immer gut. Achten Sie darauf, dass die beiden Schatten weitgehend gleich aussehen.

Falls beim Sektglas ein Hintergrund entfernt werden muss:

➢ Falls Sie ein ClipArt verwenden: Gruppierung aufheben, dann nicht erwünschte Elemente löschen, dann wieder gruppieren.

➢ Für Fotos: eine Ellipse wie gewünscht darüber zeichnen, Effekt Linse wählen, Aufhellen um z.B. 5% und „Fest" ankreuzen, danach können Sie diesen Bildausschnitt verschieben, das Originalbild löschen, wir haben einen Ausschnitt in Ellipsengröße erstellt.

➢ Abschließend den Text ergänzen, anordnen und farbig füllen.

➢ Als Hintergrund wieder ein Rechteck so groß wie die Seite zeichnen und füllen, hier wurde ein radialer Farbverlauf zugewiesen.

15. Interaktive Menüs

Die Interaktive Füllung hatten wir ab Seite 63 besprochen, doch nun wollen wir detailliert auf die Spezialität dieser interaktiven Füllungsart eingehen.

Interaktiv heißt, dass Sie statt in einem Menü direkt mit der Maus am Objekt viele Einstellungen vornehmen, z.B. die Richtung einer Farbverlaufsfüllung.

Mit der Maus können jedoch nur die wichtigsten Werte eingestellt werden, ebenso in der Eigenschaftsleiste, alle anderen Einstellmöglichkeiten finden Sie in den jeweiligen Menüs.

15.1 Interaktive Füllmuster

Bei der interaktiven Füllung kann in der Eigenschaftsleiste alles vorher Beschriebene eingestellt werden. Damit lassen sich Füllungen sehr einfach zuweisen. Hier folgen nun noch einige Einstellmöglichkeiten.

➢ Neue Zeichnung, neues Rechteck zeichnen und das Werkzeug interaktive Füllung wählen.

➢ Jetzt mit gedrückter Maustaste auf dem zu füllenden Objekt einen Farbverlauf vorgeben.

➢ Abschließend die Anfangs- und Endfarbe bestimmen: Kästchen am Anfang und Ende des Pfeils anklicken und jeweils eine Farbe wählen.

✎ Farben können Sie entweder in der Eigenschaftsleiste, im Abrollmenü „Knotenfarbe" oder einfach aus der Farbpalette wählen.

Mit der Maus einstellen:

Auch mit der Maus können Sie die Anfangs- und Endfarbe bestimmen, indem Sie ein Kästchen des Farbverlaufspfeils anklicken und eine Farbe aus der Farbpalette anklicken.

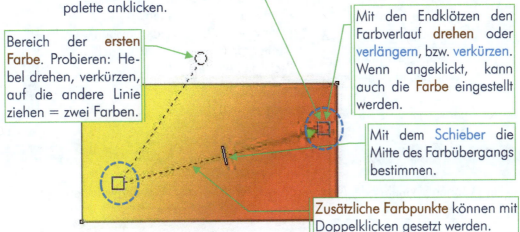

Bereich der ersten Farbe. Probieren: Hebel drehen, verkürzen, auf die andere Linie ziehen = zwei Farben.

Mit den Endklötzen den Farbverlauf drehen oder verlängern, bzw. verkürzen. Wenn angeklickt, kann auch die Farbe eingestellt werden.

Mit dem Schieber die Mitte des Farbübergangs bestimmen.

Zusätzliche Farbpunkte können mit Doppelklicken gesetzt werden.

In der Eigenschaftsleiste werden nun diese Symbole angezeigt:

Hier die **Füllungsart** wählen, aktuell eine lineare Farbverlaufsfüllung. Sie finden hier auch die Bitmaps und Füllmuster.

Voreingestellte Füllmuster.

Ein Regler für die **Transparenz**.

Anfangs- und **Endfarbe** bestimmen, dafür den jeweiligen **Farbpunkt** bei den Pfeilen am Objekt anklicken.

Füllung kopieren.
Zuerst das Zielobjekt markieren, dann dieses Symbol, anschließend das Element anklicken, dessen Füllung übernommen werden soll.

Sie können entweder in der Eigenschaftsleiste oder mit der Maus am Objekt die Füllung einstellen. Je nach gewählter Füllung stehen andere Symbole zur Verfügung, die Sie aus dem vorherigen bereits kennen.

15.2 Interaktive Maschenfüllung (nicht bei Essentials)

Bei dieser Füllungsmethode wird ein Maschengitter in das ausgewählte Objekt gelegt. Dann kann in jeden Bereich, auf jeden Knoten, eine Farbe gezogen werden. Ein Farbteppich entsteht.

➢ Ein neues Rechteck wählen oder zeichnen, dann auf der interaktiven Füllung **die Maustaste gedrückt** halten, bis das Auswahlmenü erscheint und zu der **Maschenfüllung** wechseln.

Ein Gitter wird angezeigt:

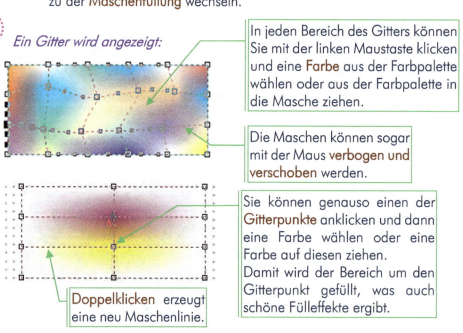

In jeden Bereich des Gitters können Sie mit der linken Maustaste klicken und eine **Farbe** aus der Farbpalette wählen oder aus der Farbpalette in die Masche ziehen.

Die Maschen können sogar mit der Maus **verbogen** und **verschoben** werden.

Sie können genauso einen der **Gitterpunkte** anklicken und dann eine Farbe wählen oder eine Farbe auf diesen ziehen.
Damit wird der Bereich um den Gitterpunkt gefüllt, was auch schöne Fülleffekte ergibt.

Doppelklicken erzeugt eine neu Maschenlinie.

In der Eigenschaftsleiste werden die Einstellmöglichkeiten angezeigt:

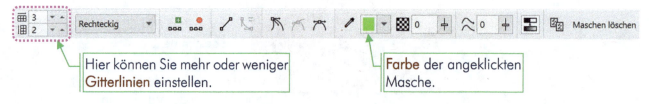

Hier können Sie mehr oder weniger **Gitterlinien** einstellen.

Farbe der angeklickten Masche.

15.3 Interaktive Transparenz (nicht bei Essentials)

In der Hilfsmittelpalette finden Sie auch das Symbol für die interaktive Transparenz, damit die darunter liegenden Objekte durchschimmern.

- ➢ Zeichnen Sie ein neues Rechteck, dieses farbig füllen,
- ➢ dann noch eine Ellipse innerhalb dieses Rechtecks zeichnen und auch dieser eine Füllfarbe zuweisen,
- ➢ dann das Transparenzwerkzeug wählen und
  - ↳ entweder mit der Maus einen Transparenzpfeil innerhalb der Ellipse ziehen oder in der Eigenschaftsleiste eine Transparenz einstellen.

Bei der Transparenz können die Füllungen als Maske gewählt werden:

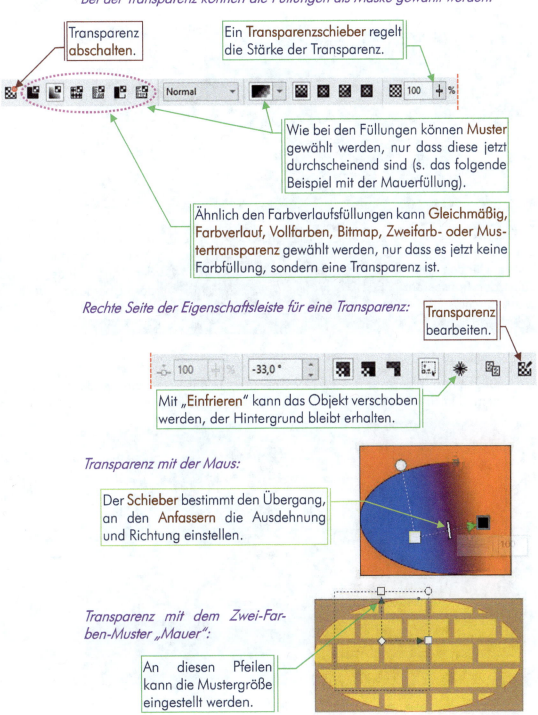

Transparenz abschalten.

Ein Transparenzschieber regelt die Stärke der Transparenz.

Wie bei den Füllungen können Muster gewählt werden, nur dass diese jetzt durchscheinend sind (s. das folgende Beispiel mit der Mauerfüllung).

Ähnlich den Farbverlaufsfüllungen kann Gleichmäßig, Farbverlauf, Vollfarben, Bitmap, Zweifarb- oder Mustertransparenz gewählt werden, nur dass es jetzt keine Farbfüllung, sondern eine Transparenz ist.

Rechte Seite der Eigenschaftsleiste für eine Transparenz:

Transparenz bearbeiten.

Mit „Einfrieren" kann das Objekt verschoben werden, der Hintergrund bleibt erhalten.

Transparenz mit der Maus:

Der Schieber bestimmt den Übergang, an den Anfassern die Ausdehnung und Richtung einstellen.

Transparenz mit dem Zwei-Farben-Muster „Mauer":

An diesen Pfeilen kann die Mustergröße eingestellt werden.

15.4 Fotos einfügen

Diese interaktive Transparenz ist besonders hervorragend, wenn Fotos verwendet werden, um ein Foto immer mehr durchschimmernd einzustellen.

Darum probieren wir dies gleich anhand einer neuen Übung. Auf S. 81 haben Sie bereits ein ClipArt eingefügt, genauso können Sie Fotos in Corel einfügen.

> Neue Übung, im Web zwei Fotos suchen: Hai und Blumenwiese, jeweils anklicken und in Normalgröße anzeigen lassen, rechte Maustaste darauf/kopieren, im Corel einfügen, ungefähr gleichgroß wie das Blatt Papier einstellen, ggf. Ränder eines Fotos etwas abschneiden.

> Dann mit dem Transparenzwerkzeug einen provisorischen Transparenzpfeil ziehen.

Die Transparenz durch einen Pfeil vorgeben.

Der Schieber in der Mitte gilt für den Mittelpunkt der Transparenz (50 % durchlässig).

Sie können den Transparenzpfeil anschließend beliebig verschieben oder an den Enden in der Länge ändern, wodurch der Übergang breiter oder schärfer wird.

> Anschließend in der Eigenschaftsleiste die anderen Transparenzeinstellungen ausprobieren, z.B. Gleichmäßig, Radial oder Muster. Hier wurde dem Blumen-Bild eine Zwei-Farben-Transparenz zugewiesen:

Probieren Sie auch, das Muster zu invertieren (nur bei Zwei-Farben-Transparenz).

Vierter Teil

FORM

und Kurvenbearbeitung, Textoptionen und Mengentext

Symbole anders angeordnet?
Fenster-Arbeitsbereich-Standard
(nicht bei Essentials)

16. Kurvenbearbeitung

Jetzt wird es richtig interessant, nun geht es zum Besten im CorelDRAW: selbst zeichnen!

- ◆ Den Mond, die Lautsprecher, Sterne und Figuren in der folgenden Übung werden wir manuell zeichnen, und da dies nicht auf Anhieb perfekt klappt, nutzen wir das Hilfsmittel Form zum Umformen.
  - ↳ Mit diesem Werkzeug können wir die Endpunkte von Linien oder die Punkte, an denen eine Kurve die Richtung wechselt, ändern.

Bei dem Weihnachtsbaum von Seite 72 haben Sie bereits das Hilfsmittel Form angewendet, nun erkunden wir aber dessen volle Leistungsfähigkeit.

16.1 Übung Party

Diese Übung ist ideal zum Üben des Kopierens mit der Maus einschließlich Gruppieren, vielen Füllungen und vor allem mit den ersten Kurven.

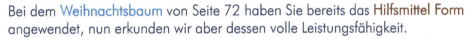

Die Sterne, den Mond und die Figuren zeichnen wir mit der Kurvenbearbeitung notwendig, eine hervorragende Funktion, mit der selbst schwierige Kurven Stück für Stück angepasst werden können.

Das ist eine Farbverlaufsfüllung. Damit wir eine Seite füllen können, wird ein normales Rechteck über die ganze Seite gezogen. Dann verdeckt das Rechteck zunächst alle anderen Objekte und muss nach hinten gesetzt werden. Damit wir dieses beim Zeichnen nicht versehentlich verschieben, entweder fixieren oder erst als letztes zeichnen.

Vorbereitungen:

➤ Neue Datei, DIN A5 quer, Gitter alle 5 mm,

➤ eine horizontale Hilfslinie für den Boden, damit alle Objekte auf der gleichen Höhe angeordnet werden können.

Die Lautsprecher:

➤ Zeichnen Sie ein Rechteck als Lautsprecher-Gehäuse:

★ so breit, dass in der Mitte eine Gitterreihe ist, damit die einzelnen Lautsprecherchassis einfach in der Mitte gezeichnet werden können.

➤ Ein Chassis als Kreis mit dicker, andersfarbiger Linie zeichnen:

✍ Anfangspunkt in der Mitte, [Strg]- und [Umschalt]-Taste gedrückt halten, ergibt einen Kreis um den Anfangspunkt.

➤ Eine radiale Farbverlaufsfüllung zuweisen, zusätzlich den ersten Kreis mittig kopieren und dabei verkleinern:

✍ Kreis an einem Eck-Anfasserpunkt anfassen, Größe ändern, dabei [Umschalt] gedrückt halten und unterwegs kurz die rechte Maustaste fürs Kopieren drücken.

★ Die Linie für diesen kleinen Kreis einfach abschalten.

➤ Gruppieren, dann für die anderen Chassis kopieren und verkleinern.

➤ Ist ein Lautsprecher fertig, dem Gehäuse die Füllung zuweisen und komplett gruppieren. Den zweiten Lautsprecher natürlich nicht neu zeichnen, sondern kopieren.

16.2 Die Sterne – Wendepunkte verschieben

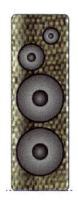

1) Einen Stern zeichnen: Gitter abschalten, Anfangs- und Endpunkt einmal klicken, sonst Doppelklicken.

2) Jetzt mit dem Form-Werkzeug die Eckpunkte verschieben, bis der Stern halbwegs wie ein Stern aussieht (das geht auch mit dem Auswahlpfeil).

➤ Füllung zuweisen, dann Stern mehrfach kopieren und jeweils etwas drehen oder die Größe ändern.

Das ist eine gute Übung. Sie könnten Sterne auch aus den Symbolschriften verwenden (s. S. 59) oder mit dem Vieleck-Werkzeug erstellen oder die Polylinie verwenden (dann am Anfang und Ende doppel-, sonst einmal klicken).

16.3 Der Mond – Kreissegmente

Um den Mond zu zeichnen, können wir aus zwei Kreisen jeweils Kreissegmente herausschneiden und anschließend zu einem Element verbinden, damit der Mond gefüllt werden kann.

➤ Zeichnen Sie einen Kreis (mit [Strg]-Taste), dann diesen leicht versetzt kopieren.

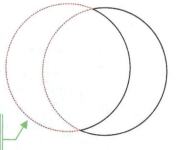

Jetzt müssen diese rot markierten Kreisteile weggeschnitten werden.

➢ Klicken Sie bei gewähltem Form-Werkzeug auf einen Kreis. Oben am Kreis erscheint ein kleiner Punkt (nicht die Anfasserpunkte außen!).

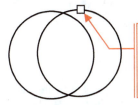

Öffnen Sie an diesem Punkt den Kreis ca. 2 cm. Wo bleibt die Linie übrig? Einfach probieren und dann entsprechend die Linie weiterziehen.

[Alt]-Y

Nun vorübergehend „Ausrichten an Gitter" abschalten, damit sich die Kreissegmente treffen können.

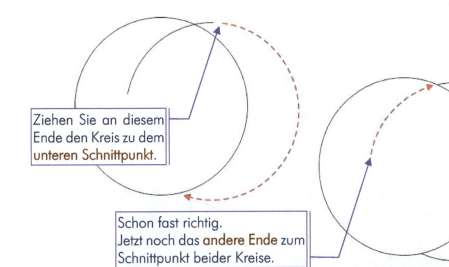

Ziehen Sie an diesem Ende den Kreis zu dem unteren Schnittpunkt.

Schon fast richtig.
Jetzt noch das andere Ende zum Schnittpunkt beider Kreise.

Tortenstück oder Bogen:

Irgendwo außerhalb des Kreises loslassen, und Corel zieht keine Linien zum Mittelpunkt – ein Kreisbogen entsteht.

Was sollen denn diese Linien? Ein Tortenstück?

Irgendwo innerhalb des Kreises die Maus loslassen, und die Linien zum Kreismittelpunkt sind da – ein Tortenstück.

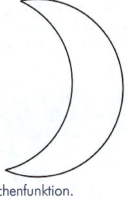

Keine unnötigen Gedanken, welcher Teil erhalten bleibt. Etwas öffnen, dann sehen, in welche Richtung es weitergeht.

➢ Jetzt noch den zweiten Kreis zum Kreisbogen umformen und der Mond ist fertig.

Nun, das war doch schon einmal eine sehr nützliche Zeichenfunktion.

16.4 Kombinieren zum Füllen

Füllen geht meist noch nicht, denn für Corel gibt es vorerst nur zwei Kreisbögen, die nichts miteinander zu tun haben. Also müssen wir Corel mitteilen, dass dies eine zusammenhängende Figur, ein Mond ist:

➢ Beide Kreisbögen markieren und kombinieren.

    ↳ Das geht per Symbol in der Eigenschaftsleiste, sobald mehrere Objekte markiert sind, im Menü bei Objekt/Kombinieren oder mittels des Shortcuts [Strg]-L.

[Strg]-L

Zum Markieren:

♦ Bei gedrückter [Umschalt]-Taste können Sie mit dem Auswahlpfeil mehrere Objekte durch Anklicken markieren.

    ↳ Solange Sie die [Umschalt]-Taste drücken, können Sie markierte Objekte auch wieder abmarkieren.

    ↳ Beachten Sie die Meldung unten in der Statusleiste: "2 Objekte markiert auf Ebene 1".

Gruppieren oder Kombinieren:

♦ Gruppieren fasst Objekte zu einem Element zusammen.

♦ Kombinieren, wenn zwischen zwei Objekten gefüllt werden soll.

16.5 Enden schließen

Aller Erfahrung nach geht es immer noch nicht, den Mond zu füllen.

➢ Probieren Sie es, indem Sie rechts aus der Farbpalette eine Farbe anklicken.

Füllen ist meist noch nicht möglich, weil die Endpunkte sich noch nicht genau treffen. Zoomen Sie die Endpunkte und Sie werden es auch in Ihrer Zeichnung sehen.

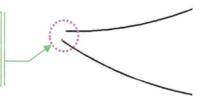

Da haben wir das Übel. Die beiden Linienenden treffen sich nicht, was oft erst bei starker Vergrößerung erkennbar ist. Doch das kann mit dem Hilfsmittel Form korrigiert werden.

Sie können das Hilfsmittel Form nur anwenden, wenn die Kreisbögen vorher mit dem Auswahlpfeil markiert wurden oder bereits kombiniert sind.

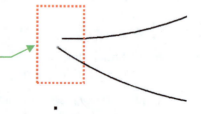

Ziehen Sie mit dem Hilfsmittel Form einen Markierungsrahmen, so groß, dass mit Sicherheit beide Endpunkte der Kreisbögen enthalten sind.

Jetzt erscheinen in der Eigenschaftsleiste die benötigten Befehle:

Wenn sich die Endpunkte beider Kurven nicht berühren, ist dieses leicht erkennbare Symbol für Knoten verbinden (Knoten = Wendepunkte) hervorgehoben.

Das Gegenteil, Knoten trennen, ist aktiv, wenn geschlossene Knoten ausgewählt wurden.

Geht es jetzt, den Mond zu füllen? Wenn nicht, kommen nur diese zwei Fehlerquellen in Frage:

- Die Kreisbögen sind noch nicht kombiniert oder versehentlich stattdessen gruppiert.

- Die Endpunkte sind nicht geschlossen. Mit starkem Zoom prüfen, ggf. den Vorgang wie eben beschrieben wiederholen.

16.6 Wendepunkte ergänzen für die Nase

Der Mond schaut zwar schon recht schön aus, kann aber noch schöner werden. Wir ergänzen eine große Nase.

Vorteil des Hilfsmittels Form:

alle möglichen Objekte können jederzeit ergänzt oder geändert werden. So können selbst sehr schwierige Körper Stück für Stück gezeichnet werden.

➤ Ein Wendepunkt ist ziemlich in der Mitte schon vorhanden. Diesen Punkt anklicken und in der Eigenschaftsleiste Spitz wählen, damit wir spitze Ecken und keine runden Kurven bekommen.

➤ Etwas darüber werden wir mit dem Hilfsmittel Form einen weiteren Punkt setzen.

↳ Die schnellste Methode ist es, einen neuen Punkt durch Doppelklicken zu ergänzen. Diesen auch gleich auf Spitz umschalten.

↳ Andere Methode: mit dem Hilfsmittel Form einen provisorischen Punkt setzen, dann das + in der Eigenschaftsleiste oder auf der Tastatur für neuen Punkt drücken. Erst dadurch wird der Wendepunkt tatsächlich gesetzt.

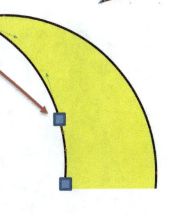

➤ Jetzt kann mit der Maus das Kurvenstück zwischen den beiden neuen Wendepunkten angefasst und **herausgezogen** werden.

↳ Nicht an den zwei Hebeln anfassen, da es dann doppelte Arbeit ist, sondern die Kurve in der Mitte zwischen den zwei Wendepunkten.

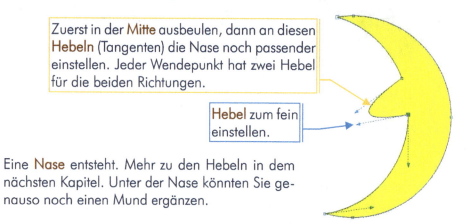

Zuerst in der Mitte ausbeulen, dann an diesen Hebeln (Tangenten) die Nase noch passender einstellen. Jeder Wendepunkt hat zwei Hebel für die beiden Richtungen.

Hebel zum fein einstellen.

Eine Nase entsteht. Mehr zu den Hebeln in dem nächsten Kapitel. Unter der Nase könnten Sie genauso noch einen Mund ergänzen.

16.7 Die Figuren – Form anpassen

Auch die Strichfiguren können nicht gefüllt werden, solange nicht rundherum eine geschlossene Linie vorhanden ist.

Gehen Sie so vor:

➤ Zeichnen Sie ungefähr die Körper.

↳ Mit Polylinien oder normaler Linie und Doppelklicken.

➤ Wie bei den Sternen mit dem Formwerkzeug die Figuren beliebig korrigieren.

➤ Probieren Sie, ob Füllen bereits möglich ist.

↳ Sonst wie bei dem Mond mit dem Hilfsmittel Form die Verbindungspunkte zusammenführen.

➤ Erst wenn die Körper schon gefüllt sind, ergänzen wir die Arme:

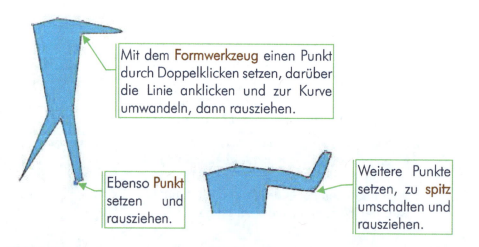

Mit dem Formwerkzeug einen Punkt durch Doppelklicken setzen, darüber die Linie anklicken und zur Kurve umwandeln, dann rausziehen.

Ebenso Punkt setzen und rausziehen.

Weitere Punkte setzen, zu spitz umschalten und rausziehen.

➢ **Hände und Köpfe** (Ellipsen) vergrößert zeichnen:

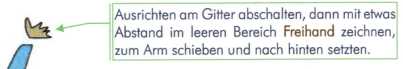

Ausrichten am Gitter abschalten, dann mit etwas Abstand im leeren Bereich **Freihand** zeichnen, zum Arm schieben und nach hinten setzten.

Ebenso **Freihand** gezeichnet und nach vorne gesetzt.

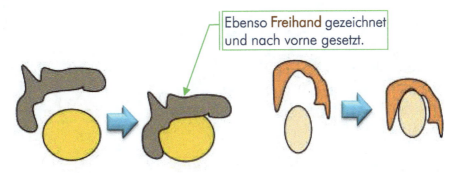

➢ Auch die **Füße** zeichnen wir vorerst ganz einfach frei Hand:

➢ Stark vergrößert können Sie noch mit den bisher bekannten Zeichenwerkzeugen (Ellipsen, Freihand- oder Kurvenlinie) Augen, Mund und Nase usw. ergänzen.

    ↳ Wie die Augen, Nase und Mund schöner gezeichnet werden könnten, folgt Schritt für Schritt im nächsten Kapitel. Wer will, kann danach auch bei diesen Figuren schönere Augen und einen Mund ergänzen.

➢ Ganz zum Schluss jede Figur **gruppieren**, damit ein Element daraus wird und die Anordnung nicht versehentlich zerstört werden kann.

Als Alternative könnten Sie Figuren aus einer Symbolschrift verwenden oder nach geeigneten ClipArts suchen, bei den Corel-ClipArts oder aus dem Internet.

Auch Symbole können mit dem Formwerkzeug verändert werden.

Notizen: ....

....

....

....

....

....

....

17. Die Schlange – Kurven total

Gegenüber der Schlange war alles Bisherige nur eine kleine Vorübung. Aber keine Angst, es wird nicht viel schwieriger, jedoch werden Sie jetzt erkennen, wie leistungsfähig das Hilfsmittel Form ist.

➢ Neue Zeichnung, Format vorerst 100 mm breit, 210 hoch,

★ Gitter alle 5 mm und an Gitter ausrichten, Hilfslinien als Seitenränder bei 10, 90 vertikal und 10, 150 horizontal.

Symbole anders angeordnet? Fenster-Arbeitsbereich-Standard

Neben der Kurvenbearbeitung für die Schlange werden wir folgende Funktionen für Text ausprobieren:

• Sonderzeichen in Text einfügen,
• Text mit Schatten und
• Text an Objekt ausrichten.

Abenteuer Spass Sport GbR
Beispielstraße 50
81234 München
Tel.: 089 / 111 222 33
Fax: 089 / 111 222 34

Bankverbindung:
Bay. Vereinsbank München
Konto-Nr. 012345678
BLZ 012345678

17.1 Erste Vorübung

Damit es nicht zu schwierig wird, fangen wir mit einer Kurve an.

➤ Zeichnen Sie eine gerade Linie im Seitenrand, ca. 5 cm lang.

➤ Hilfsmittel Form wählen und die Linie in der Mitte anklicken.

➤ Da wir eine Linie ausgewählt haben, ist die Schaltfläche in Kurve konvertieren aktiv, diese anklicken, um aus der Linie eine Kurve zu machen:

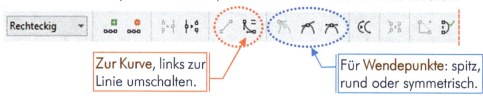

Zur Kurve, links zur Linie umschalten.

Für Wendepunkte: spitz, rund oder symmetrisch.

➤ Fassen Sie die Linie nicht an den Hebeln, sondern ziemlich genau in der Mitte an und beulen Sie diese zu einer Kurve aus.

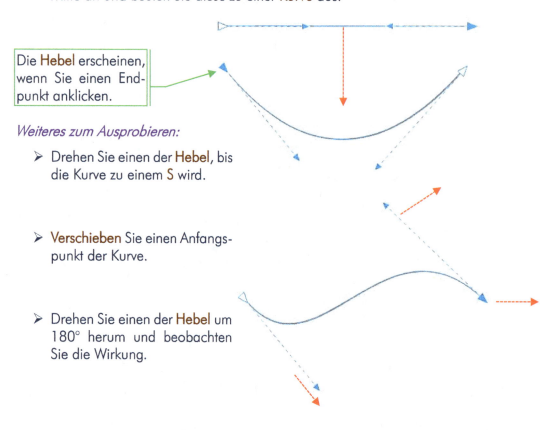

Die Hebel erscheinen, wenn Sie einen Endpunkt anklicken.

Weiteres zum Ausprobieren:

➤ Drehen Sie einen der Hebel, bis die Kurve zu einem S wird.

➤ Verschieben Sie einen Anfangspunkt der Kurve.

➤ Drehen Sie einen der Hebel um 180° herum und beobachten Sie die Wirkung.

➤ Ziehen Sie einen Hebel ganz lang – die Kurve beult sich sehr stark – und dann ganz klein – die Kurve beult sich nur leicht.

Hebel sind Tangenten! Über die Hebel:

Hebel

♦ Lange Hebel erschweren in der Praxis den Umgang.

♦ Außerdem sehen Sie, dass aus einer Strecke zwei Kurven (S) gemacht werden können.

♦ Wir brauchen daher nur ganz wenige Wendepunkte.

♦ Zu viele Wendepunkte erschweren die Arbeit enorm!

17.2 Zweite Vorübung

Jetzt kennen Sie die Hebel schon ein wenig. Bei der nächsten Übung gehen wir noch einen Schritt weiter.

Vorbereitung:

➢ Löschen Sie die eben gezeichnete erste Kurve.

➢ Zeichnen Sie zwei Linien, beim Schnittpunkt Doppelklicken:

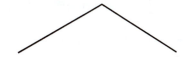

➢ Wandeln Sie beide Linien zu Kurven um.

    ✍ Sie können mit dem Formwerkzeug einen Auswahlrahmen ziehen, um beide Linien auf einmal zu markieren und in Kurven umzuwandeln.

Kurven ohne Kanten:

Jetzt ist der Schnittpunkt der beiden Kurven wichtig, denn dort soll schließlich keine Kante bleiben. Das ist zu erreichen, indem die Hebel zu einer Linie ausgerichtet werden, wie an der folgenden Abbildung erkennbar ist.

➢ Beulen Sie die Kurven wie abgebildet aus, damit die Hebel erscheinen, zunächst die Kurven mittig anfassen und ausbeulen:

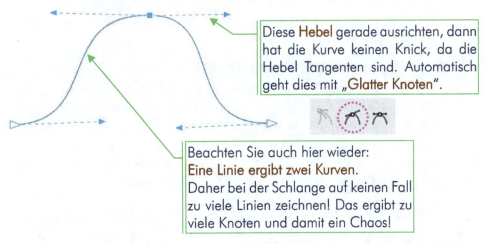

Diese Hebel gerade ausrichten, dann hat die Kurve keinen Knick, da die Hebel Tangenten sind. Automatisch geht dies mit „Glatter Knoten".

Beachten Sie auch hier wieder:
Eine Linie ergibt zwei Kurven.
Daher bei der Schlange auf keinen Fall zu viele Linien zeichnen! Das ergibt zu viele Knoten und damit ein Chaos!

Zur Übung der Hebel haben wir gerade eine Kurve von Hand geglättet. Das gleiche macht Corel mit der Funktion „Glatter Knoten". Ist dies eingeschaltet, können Sie daher keine spitzen Winkel ziehen wie bei der Nase.

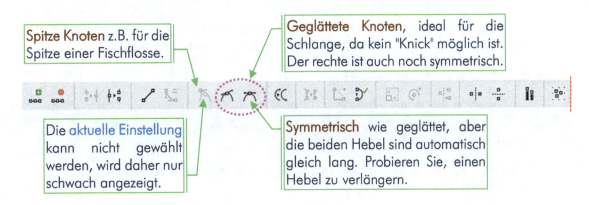

Spitze Knoten z.B. für die Spitze einer Fischflosse.

Geglättete Knoten, ideal für die Schlange, da kein "Knick" möglich ist. Der rechte ist auch noch symmetrisch.

Die aktuelle Einstellung kann nicht gewählt werden, wird daher nur schwach angezeigt.

Symmetrisch wie geglättet, aber die beiden Hebel sind automatisch gleich lang. Probieren Sie, einen Hebel zu verlängern.

17.3 Ernstfall: die Schlange

Die Schlange ist kein Problem, wenn Sie daran denken, nicht zu viele Linien zu zeichnen. Weitere Punkte könnten jederzeit mit dem + ergänzt werden, zu viele Wendepunkte führen aber zu einem Chaos an Hebeln.

Sie werden sehen, dass folgendes Gebilde (rote Linie) im Handumdrehen zu der grünen Schlange mit runden Kurven wird.

➢ Löschen Sie die vorigen Kurven.

➢ Zeichnen Sie die roten Linien mit Doppelklicken an einem Stück.

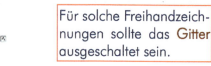

Für solche Freihandzeichnungen sollte das Gitter ausgeschaltet sein.

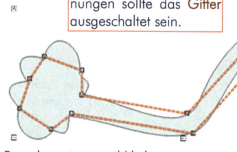

Entweder mit Linien =
weiter mit Doppelklicken, Beenden mit einmal klicken,
oder mit Polylinie = weiter mit klicken, Doppelklicken zum Beenden.

➢ Abschließend ggf. die Wendepunkte passend verschieben.

Linien in Kurven umwandeln:

➢ Sie können mehrere Linien auf einmal in Kurven umwandeln, indem Sie mit dem Form-Werkzeug einen großen Markierungsrahmen um diese ziehen und dann zu Kurven umwandeln.

Wendepunkte markieren und die gewünschte Art zuweisen:

➢ Am Kopf brauchen wir spitze Punkte, darum Kopf mit Auswahlrahmen markieren und auf spitz umschalten (sind wahrscheinlich schon spitz), genauso den Endpunkt anklicken und spitz einstellen,

➢ dann Rumpf markieren (ohne Kopf- und Ende) und in der Eigenschaftsleiste „Glatter Knoten" wählen. Automatisch werden die Wendepunkte geglättet, die gewünschten runden Konturen entstehen.

Die Funktion „Glatter Knoten" hilft für schöne runde Kurven, nur an der Schwanzspitze und am Kopf sind einige spitze Punkte nötig.

➢ Kurven weiter ausbeulen, bis die Schlangenform passt.

✎ Das geht am leichtesten, wenn Sie die Kurven in der Mitte anfassen, nicht an den Hebeln.

Wenn es nicht so wie erwartet gehen sollte, sind wahrscheinlich noch offene Punkte vorhanden. Dann diese, wie in Kapitel 16.5 beschrieben, schließen.

Was Sie vielleicht noch brauchen:

♦ Punkte setzen mit Doppelklicken (oder dem „+").

♦ Punkte löschen: die überzähligen Punkte anklicken und das „–" in der Eigenschaftsleiste oder auf der Tastatur drücken.

♦ Punkte verschieben ist jederzeit möglich, solange das Formwerkzeug aktiviert ist.

17.4 Der Kopf und die Punkte

Die Kopfform wird genauso wie der Schlangenkörper gestaltet:

➢ Bereich stark vergrößern, die Linien zu Kurven umwandeln und passend ausbeulen.

Die Augen bestehen aus zwei Ellipsen:

Am einfachsten ist es, diese zuerst im freien Bereich neben dem Kopf zu zeichnen, dabei möglichst stark diesen Bereich vergrößern.

➢ **Liniendicke** bei der äußeren erhöhen, beide farbig **füllen**. Farben für beide passend einstellen.

➢ Fertig, dann zu einem Auge **gruppieren**, **drehen** und an der richtigen Stelle einpassen.

➢ Das zweite Auge nicht neu zeichnen, sondern das erste **kopieren** (mit der rechten Maustaste), dabei verschieben und anschließend drehen. Oder mit **Fenster/Andockfenster/Ändern** bei Skalieren und Spiegeln eine sowohl horizontal als auch vertikal gespiegelte Kopie erstellen.

Die Haare sind das Leichteste:

➢ **Drei Linien** zeichnen, zu Kurven umwandeln und passend ausbeulen.

➢ Liniendicke, Farbe und im Linienmenü runde Endstücke einstellen.

➢ Nicht schädlich: die drei Haare zu einem Objekt gruppieren.

Den Mund:

➢ **Zwei Linien** übereinander zeichnen: Klicken, Doppelklicken und zum Anfangspunkt zurück,

➢ zu **Kurven** umwandeln und passend ausbeulen.

➢ **Liniendicke** erhöhen, Füll- und Linienfarbe wählen.

➢ Falls die Füllung nicht geht, die Punkte schließen.

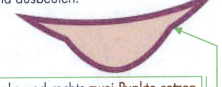

Links und rechts zwei Punkte setzen, auf spitz umschalten, um das mittige Stück mehr ausbeulen zu können.

➢ Abschließend die Zunge ergänzen und alle Elemente **gruppieren**.

➢ Jetzt kann der Mund gedreht und richtig **positioniert** werden.

Nicht auf anderen Objekten zeichnen, sondern an einer freien Stelle oder in einer separaten Zeichnung. Erst wenn ein Objekt fertig ist, gruppieren und an die richtige Position schieben, dort die Größe und Drehung anpassen.

Weiter geht es im nächsten Kapitel mit **Text** und **Bildern**.

18. Textbearbeitung

Egal, ob es sich um ein Plakat, ein Titelblatt oder um eine Werbebroschüre handelt, Text kommt fast immer vor.

Corel bietet zwei Arten der Textbearbeitung:

- ♦ den Grafiktext mit dem Text-werkzeug (was Sie bisher gemacht haben) für kurze Texte, die beliebig platziert und gedreht werden können.

- ♦ den Mengentext, um längere Texte wie in einem Textprogramm zu schreiben. Selbst Formatvorlagen (heißen im Corel Stile) können zugewiesen werden.

Wir werden in der folgenden Übung den Text zu der Schlange ergänzen.

Wir werden den Text im Anschluss auch an der Schlange ausrichten.

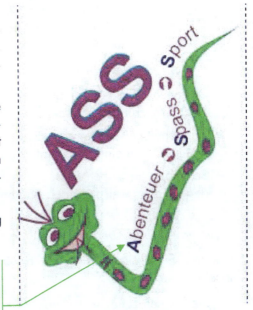

18.1 Den Schatten erzeugen

- ➢ Schreiben Sie mit dem Textwerkzeug: ASS.

- ➢ Mit der Maus oder in der Eigenschaftsleiste passend vergrößern, jedoch noch nicht drehen.

Ein schlichter einfarbiger Schatten ist sehr schön und wird gerade bei Profiarbeiten häufiger als spezielle Effekte verwendet.

Hierfür werden wir den Text kopieren und dabei leicht verschieben. Dann wird für einen Text die Farbe geändert und der Schatten ist fertig.

- ➢ Zum Kopieren und genauen Verschieben ist das Andock-Fenster **Fenster/Andockfenster/Ändern** ideal, wobei „Position" zu wählen ist.

Beim Andockfenster „Ändern" können exakte Werte vorgegeben werden:

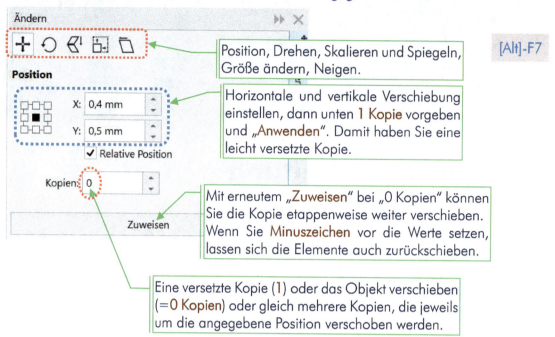

[Alt]-F7

Position, Drehen, Skalieren und Spiegeln, Größe ändern, Neigen.

Horizontale und vertikale Verschiebung einstellen, dann unten 1 Kopie vorgeben und „Anwenden". Damit haben Sie eine leicht versetzte Kopie.

Mit erneutem „Zuweisen" bei „0 Kopien" können Sie die Kopie etappenweise weiter verschieben. Wenn Sie Minuszeichen vor die Werte setzen, lassen sich die Elemente auch zurückschieben.

Eine versetzte Kopie (1) oder das Objekt verschieben (=0 Kopien) oder gleich mehrere Kopien, die jeweils um die angegebene Position verschoben werden.

➢ Das neue Objekt nach hinten setzen (rechte Maustaste darauf, dann Anordnen/nach hinten auf der Seite) und eine hellere Farbe zuweisen.

➢ Der Schatten ist fertig, abschließend können die beiden verschiedenfarbigen Texte zu einem Element gruppiert werden.

➢ Schreiben Sie „Abenteuer Spass Sport" mit zwei Leertasten zwischen den Wörtern, weil dort noch ein Sonderzeichen (◆) platziert werden soll.

Wir wollen ASS und Abenteuer… im gleichen Winkel drehen:

Mittels der Eigenschaftsleiste können wir verschiedene Objekte im gleichen Winkel drehen.

➢ Sie können zunächst mit der Maus ungefähr passend drehen und danach in der Eigenschaftsleiste auf den nächsten geraden Wert ändern, z.B. auf 50° statt 50,861.

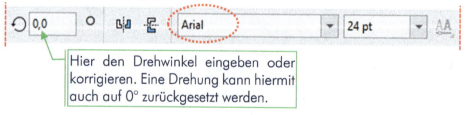

Hier den Drehwinkel eingeben oder korrigieren. Eine Drehung kann hiermit auch auf 0° zurückgesetzt werden.

Auch bei markiertem Text wird in der Eigenschaftsleiste der Drehwinkel neben den Texteinstellungen angezeigt.

➢ Ohne die Eigenschaftsleiste bleibt die Möglichkeit über dieses praktische Menü Fenster/Andockfenster/Ändern.

  ↳ Hier z.B. eine Drehung von 10° einstellen, dann mehrmals „Zuweisen" drücken, bis der Drehwinkel passt, dabei mitzählen.

  ↳ Damit ist der Drehwinkel bekannt und kann anderen Objekten zugewiesen werden.

18.2 Sonderzeichen einfügen

➢ Mit dem Textwerkzeug den Cursor an die richtige Textstelle zwischen die zwei Leertasten setzen.

➢ Mit Text/Glyphen oder [Strg]-[F11] das Andockfenster einblenden,

➢ dann eine Bilderschrift, z.B. Wingdings, wählen und ein passendes Symbol aus dem Zeichen-Fenster auf den Text ziehen oder mit Doppelklicken einfügen.

★ Cursor zur nächsten Stelle mit den Richtungstasten bewegen und noch einmal auf das Symbol doppelklicken.

18.3 Farben variieren

Bei diesem Text sollen die Anfangsbuchstaben in einer anderen Farbe dargestellt werden:

➢ Textwerkzeug wählen, Text anklicken und den ersten Buchstaben von Abenteuer markieren, dann mit der Maus aus der Farbpalette eine andere Farbe zuweisen.

Einen Buchstaben markieren geht am einfachsten so:

♦ Mit der Maus erfordert es Fingerspitzengefühl, genau einen Buchstaben zu markieren.

♦ Bei gedrückter [Umschalt]-Taste und einer Richtungstaste geht es einfacher, vor allem ist abmarkieren ebenfalls möglich, solange Sie die [Umschalt]-Taste gedrückt halten.

Die Farbe wird nur für den markierten Text geändert.

18.4 Text an Objekt ausrichten

Mit dieser Funktion kann Text an einem Objekt, z.B. an unserer Schlange, entlanggeführt werden. Probieren wir es aus:

➢ Die Gruppierung der Schlange ist zuvor aufzuheben.

➢ Den Text „Abenteuer …" anklicken und Text/Text an Strecke ausrichten wählen.

➢ Der Mauspfeil wechselt zu einem kräftigeren Pfeil und wenn Sie die Maus in die Nähe der Schlange bewegen, wird eine Vorschau angezeigt.

✎ Bewegen Sie die Maus in der Nähe der Schlange, bis wie gewünscht angeordnet, dann mit Mausklick bestätigen.

✎ Die Anfangsposition und der Abstand von der Strecke kann nachträglich in der Eigenschaftsleiste angepasst werden.

Sie können die Anordnung jederzeit in der Eigenschaftsleiste ändern, wenn Text und Objekt markiert sind:

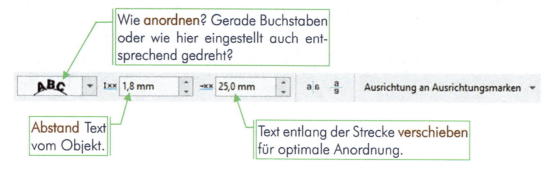

Wie anordnen? Gerade Buchstaben oder wie hier eingestellt auch entsprechend gedreht?

Abstand Text vom Objekt.

Text entlang der Strecke verschieben für optimale Anordnung.

Ausrichtung an Ausrichtungsmarken:

- ♦ Wenn Sie hier z.B. 5mm einstellen, kann mit der Maus die Zielposition zwar weiterhin frei gewählt werden, bei jeweils 5mm Abstand rastet diese jedoch ein wenig ein, auch nachträglich beim Verschieben.

Falls der Text auf der falschen Seite angeordnet wird, spiegeln: Hiermit kann Text auch unterhalb angeordnet werden.

18.5 Die Adresse ergänzen

Ergänzen Sie noch die Adresse am unteren Bildrand.

➤ Zwei Textblöcke schreiben, einmal linksbündig und einmal rechtsbündig einstellen und mit Hilfslinien ausrichten:

Abenteuer Spass Sport GbR
Beispielstraße 50
81234 München   Bankverbindung:
Tel.: 089 / 111 222 33   Bay. Bspbank München
Fax: 089 / 111 222 34   Konto-Nr. 012345678
                                                   BLZ 70020270

Die Eigenschaftsleiste für Text finden Sie im Kapitel 10.1.1.

18.6 Weitere Einstellmöglichkeiten für Text

Die Eigenschaftsleiste ist sehr praktisch, jedoch sind nur die wichtigsten Einstellmöglichkeiten vorhanden.

- ♦ Zu dem vollständigen Menü mit allen Einstellmöglichkeiten für Text kommen Sie auf diesen Wegen:
  - ↳ rechte Maustaste auf dem Text, dann Eigenschaften
  - ↳ oder mit Fenster/Symbolleisten/Text die Symbolleiste Text öffnen.
  - ↳ oder Text/Text, in diesem Menü finden Sie auch hochgestellt oder Bruchzahlen,

[Strg]-t

  - ↳ die Tastaturabkürzung [Strg]-t öffnet auch letzteres Menü

  - ↳ oder das links abgebildete Symbol, zu finden ziemlich rechts in der Eigenschaftsleiste.

Dieses umfangreiche und daher leider unübersichtlich gewordene Einstellmenü für Text wird auf der nächsten Seite vorgestellt.

Das Andockfenster Text/Text:

Die drei Bereiche **Zeichen**, **Absatz** und **Rahmen** können durch Anklicken auf- und zugeklappt werden.

Ganz oben Schriftart, -typ und -größe.

Unterschneidung für zwei markierte Buchstaben folgt im Aufbauband.

Oben kann die **Füllung** für den Text, Mitte für den Text-Hintergrund und unten die **Linienfarbe** gewählt werden.

Das Einstellmenü bei den „…" öffnen.

Beachten Sie die Erweiterungspfeile.

Text strecken oder stauchen geht aktuell nur mit der Maus am Text.

Diverse Schrifteinstellungen, z.B. hochstellen. Je nach Schriftart nicht alle verfügbar.

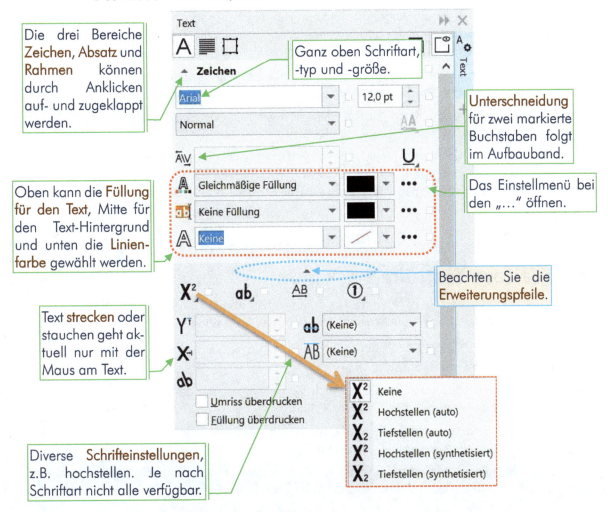

Weiter unten im Menü die Absatzformatierung, vieles geht nur bei Mengentext:

Ausrichtung links, zentriert, rechts, Blocksatz, Blocksatz auch für die letzte Zeile, Menü mit Vorschau (…).

Ausrichtung abschalten.

Zeilenabstand, in Prozent oder Punkten angeben.

Einzug: links, für die erste Zeile und von rechts.

Abstand **vor** / **nach** dem Absatz.

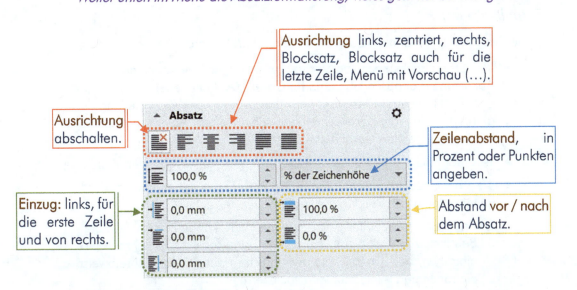

Obiges Menü ist auch über **Fenster/Andockfenster/Text** oder mit **[Strg]-T** aufrufbar.

Weiteres zu den Texteinstellungen:

- ♦ Vorteilhaft ist die Angabe in Prozent der Zeichengröße, was zur Folge hat, dass bei größerer oder kleinerer Schriftart auch die Abstände größer oder kleiner werden.

- ♦ Je nach gewählter Schriftart sind nicht alle Optionen möglich, z.B. können manche Schriften nicht fett oder kursiv eingestellt werden.

- ♦ Text/Text bearbeiten, [Strg]-[Umschalt]-t oder in der Eigenschaftsleiste, wenn Text markiert ist, ab| drücken:

  ↳ Dies ruft einen kleinen Textbildschirm (Texteditor) auf, in dem Sie den Text korrigieren, schreiben und auch formatieren können. Hilfreich z.B. bei Text, dem Effekte zugewiesen wurden.

18.7 Weitere Texthilfen

- ♦ Corel bietet alle Hilfsmittel eines guten Textverarbeitungsprogramms, die Sie bei Text/Schreibhilfsmittel (nicht bei Essentials) finden:

  ↳ eine Rechtschreibprüfung,

  ↳ eine Grammatikprüfung und

  ↳ den Thesaurus, ein Wörterbuch für Synonyme, mit dem nach ähnlichen Begriffen gesucht werden kann,

  ↳ die Blitzkorrektur, die ein Fenster öffnet, in dem diese automatische Korrektur eingestellt werden kann,

  ↳ sowie die Sprache kann hier gewählt werden, damit die Rechtschreibprüfung auch für fremdsprachliche Texte funktioniert.

  ↳ Bei Einstellungen gelangen Sie zu dem Text-Voreinstellungsmenü wie mit Extras/Optionen/CorelDraw/Text.

Zur Blitzkorrektur:

Die Blitzkorrektur ist ähnlich der AutoKorrektur in MS Word.

- ♦ Mit „Ersten Buchstaben von Sätzen großschreiben" wird auch nach jeder Abkürzung großgeschrieben, da für CorelDRAW ein neuer Satz nach jedem Punkt beginnt. Diese Option ist bei Corel in der Voreinstellung deaktiviert. Wird die Großschreibung nach einer Abkürzung einmal korrigiert, akzeptiert Corel dies.

- ♦ Typographische Anführungszeichen „abc" anstelle von geraden: "abc".

- ♦ „Text bei Eingabe ersetzen" ersetzt die in der Liste stehenden Standardfehler automatisch durch die eingetragenen Texte.

  ↳ Andere Kürzel, z.B. für einen Firmennamen, können ergänzt werden. Bei „Ersetzen:" eine Abkürzung oder eine fehlerhafte Schreibweise eintragen, bei „Durch:" die ausführliche oder richtige Schreibweise eintragen und mit Hinzufügen speichern.

  ↳ Wenn häufig unerwünschte Ersetzungen vorkommen, können Sie diese Funktion deaktivieren. Falls Sie diese Funktion verwenden wollen, lohnt es sich, die Ersetzungsliste zu pflegen.

19. Der Mengentext

ist die zweite Art der Textbearbeitung im CorelDRAW. Während sich Grafiktext wie ein Zeichenelement verhält, ist Mengentext in einem Textrahmen angeordnet.

Mengentext für große Textmengen.

Mengentext ist sozusagen ein kleines Textprogramm, das wir in einer Corel-Grafik öffnen können. Zur Abgrenzung ist dieser Mengentext in einem Rahmen gesetzt.

Den Mengentext starten Sie folgendermaßen:

- ♦ Wie gewohnt das Textsymbol drücken. Jetzt gilt:
  - ✎ in der Zeichnung klicken, um Grafiktext zu schreiben oder
  - ✎ einen Mengentextrahmen mit gedrückter Maustaste ziehen.
- ♦ Vorsicht, Mengentextrahmen nur ziehen, wenn dies beabsichtigt ist.

  - ✎ Sonst sofort vom Textwerkzeug auf den Auswahlpfeil zurückschalten, da Sie sonst mit dem Textwerkzeug statt Markierungsrahmen Mengentextrahmen erstellen.

Leere Mengentextrahmen werden durch gestrichelte Linien angezeigt. Versehentlich gezeichnete Rahmen gleich löschen:
Auswahlwerkzeug – anklicken – [Entf].

Mengentextrahmen markiert / nicht markiert / mit Text:

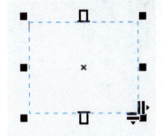

Klicken Sie hier mit dem Hilfsmittel 'Text', um Mengentext hinzuzufügen

Leere Mengentextrahmen werden durch gestrichelte Linien angezeigt. Leere Mengentextrahmen werden durch gestrichelte Linien angezeigt.

19.1 Text umwandeln

[Strg]-F8

Sie können Grafiktext in Mengentext und umgekehrt umwandeln. Das geht im Menü Text, im Abrollmenü mit der rechten Maustaste über dem Text oder mit der Tastaturabkürzung [Strg]-F8 (sofern geeigneter Text markiert ist).

Bedingungen:

- ♦ Text mit dem Auswahlpfeil markieren, nicht mit dem Textwerkzeug und
- ♦ bei einem Mengentextrahmen darf dieser nicht zu klein sein, so dass der ganze Text sichtbar ist.

19.2 Übung Visitenkarte

Um den Mengentext etwas näher kennenzulernen, werden wir eine kleine Visitenkarte erstellen. So wird es werden:

> Neue Zeichnung mit dem **Format 80x60 mm** beginnen, Gitter entsprechend fein auf **1 mm Abstand** einstellen.

Weil wir auf farbiges Papier drucken, wählen wir eine Papierfarbe:

> **Layout/Seitenhintergrund**, dort bei **Durchgezogen** im Abrollmenü die drei Punkte zu den **Paletten** wechseln, dort die Palette **Pantone** wählen.

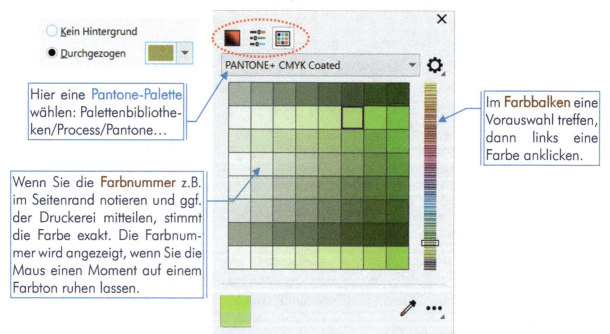

Hier eine **Pantone-Palette** wählen: Palettenbibliotheken/Process/Pantone…

Wenn Sie die **Farbnummer** z.B. im Seitenrand notieren und ggf. der Druckerei mitteilen, stimmt die Farbe exakt. Die Farbnummer wird angezeigt, wenn Sie die Maus einen Moment auf einem Farbton ruhen lassen.

Im **Farbbalken** eine Vorauswahl treffen, dann links eine Farbe anklicken.

> Schalten Sie ggf. „Hintergrund drucken und exportieren" ab, damit die eingestellte **Papierfarbe** nicht gedruckt wird.

> ✎ Gut, um die Farbzusammenstellung am Bildschirm besser zu begutachten, wenn auf farbiges Papier gedruckt wird.

Die beiden Balken mit Farbverlauf oben und unten sind Rechtecke:

> **Hilfslinien** je 4 mm vom Seitenrand entfernt setzen.

> Ein **Rechteck** zeichnen, Umrisslinie ausschalten (mit der rechten Maustaste oben in der Farbpalette auf das X) und

> mit einem **Farbverlauf** ähnlich wie abgebildet füllen.

Jetzt werden wir das Rechteck einmal **kopieren** und spiegeln, wodurch die Kopie eine genau vertauschte Farbverlaufsfüllung erhält.

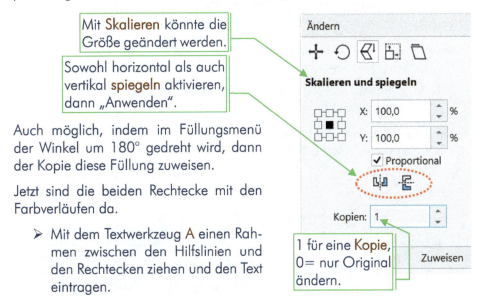

Mit **Skalieren** könnte die Größe geändert werden.

Sowohl horizontal als auch vertikal **spiegeln** aktivieren, dann „Anwenden".

Auch möglich, indem im Füllungsmenü der Winkel um 180° gedreht wird, dann der Kopie diese Füllung zuweisen.

Jetzt sind die beiden Rechtecke mit den Farbverläufen da.

➢ Mit dem Textwerkzeug A einen Rahmen zwischen den Hilfslinien und den Rechtecken ziehen und den Text eintragen.

1 für eine **Kopie**, 0= nur Original ändern.

✎ Da dieser Rahmen links und rechts an den Hilfslinien andockt, ist die Zentrierung des Textes einfacher als bei Grafiktext.

19.3 Umgang mit den Mengentextrahmen

♦ Zuviel **oder zu großer Text** oder ein zu kleiner Mengentextrahmen führt dazu, dass der Text nur teilweise oder gar nicht angezeigt wird.

✎ Rahmen immer nach unten und rechts **viel größer** als erforderlich ziehen, bis der Text richtig eingestellt ist. Erst am Schluss den Mengentextrahmen passend auf Textgröße verkleinern.

✎ Eine Alternative bietet der Befehl **Text/Mengentextrahmen/An Rahmen ausrichten**, auch per rechter Maustaste erreichbar, damit wird die Schriftgröße automatisch so angepasst, dass der Text perfekt den Rahmen ausfüllt.

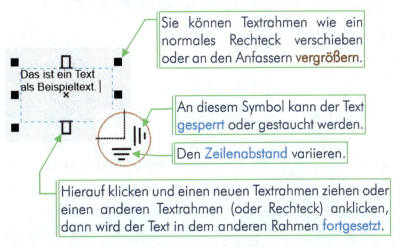

Sie können Textrahmen wie ein normales Rechteck verschieben oder an den Anfassern **vergrößern**.

An diesem Symbol kann der Text **gesperrt** oder gestaucht werden.

Den **Zeilenabstand** variieren.

Hierauf klicken und einen neuen Textrahmen ziehen oder einen anderen Textrahmen (oder Rechteck) anklicken, dann wird der Text in dem anderen Rahmen **fortgesetzt**.

➢ **Formatieren** Sie die Visitenkarte ungefähr wie abgebildet. Immer erst den entsprechenden Text markieren.

19.4 Drucken im Corel

Wie in jedem Programm können Sie auf diesen Wegen drucken: **Datei/Drucken**, mit dem Symbol siehe links oder dem Shortcut [Strg]-p.

- ◆ Auf der Karteikarte Allgemein ist der Drucker auszuwählen sowie die gewünschte Druckqualität bei Grundeinstellungen vorzugeben.
  - ✎ „Seite: Ausrichtung anpassen…" ändert das Papierformat zur Zeichnung passend auf Hoch- oder Querformat.

Bei unserer Visitenkarte ist trotzdem „Hochformat" zu wählen, da wir mehrere wie Etiketten auf ein Blatt DIN A4 drucken wollen.

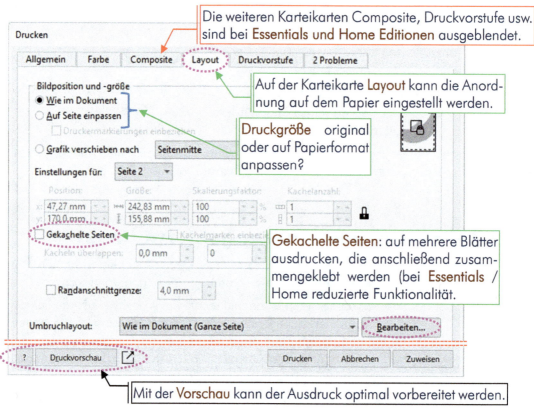

Die weiteren Karteikarten Composite, Druckvorstufe usw. sind bei Essentials und Home Editionen ausgeblendet.

Auf der Karteikarte Layout kann die Anordnung auf dem Papier eingestellt werden.

Druckgröße original oder auf Papierformat anpassen?

Gekachelte Seiten: auf mehrere Blätter ausdrucken, die anschließend zusammengeklebt werden (bei Essentials / Home reduzierte Funktionalität.

Mit der Vorschau kann der Ausdruck optimal vorbereitet werden.

Bei „Bearbeiten" können Sie die Visitenkarten einstellen (nicht bei Essentials):

Bei „Ränder bearbeiten" können Sie die Abstände einstellen (Linie anklicken).

2

1

Spalten- und Zeilenanzahl vorgeben.

Mit „+" können Sie Ihr Format speichern und dann zukünftig links aus der Schaltfläche auswählen.

3

Zurück zum Druckmenü.

- ➤ Das Einstellmenü schließen, dann die Druckvorschau starten und, falls alles passt, drucken.

Eine andere Methode mit etwas Handarbeit, dafür übersichtlicher, ist es, die Spalten und Zeilen durch Hilfslinien vorzugeben und vor dem Ausdruck die erste, fertige Visitenkarte in die anderen Zellen zu kopieren, würde mit dem Ändern-Menü auch automatisch gehen.

20. Bilder und Text

Sie kennen jetzt schon die Textverarbeitung einschließlich Mengentext, die Schlange ist bereits gezeichnet und wie Bilder eingefügt werden wurde bereits bei der Übung auf Seite 90 erläutert. Folglich dürfte nun der Prospekt ohne Probleme fertig gestellt werden können.

Es soll ein Faltblatt mit 5 gefalteten Blättern werden. Damit die Übung nicht zu lange dauert, ist diese hier auf drei Seiten gekürzt. Und die Originalbilder wurden durch Bilder aus dem Internet ersetzt.

> Öffnen Sie die Übung Schlange aus Kap. 17 und Speichern Sie diese nun unter dem Namen ASS-Faltblatt.

> Statt einer Seite brauchen wir jetzt drei, also Seitenformat dreimal so breit auf 300 mm einrichten.

> Um jeweils 10 mm Seitenrand anzugeben, können Sie nun folgende vertikale Hilfslinien setzen: 10, 90/110, 190/210, 290. Bei bekannten Koordinaten ist das Hilfslinien-Menü vorteilhaft: rechte Maustaste auf dem Lineal, dann „Hilfslinien einrichten" wählen.

> Markieren Sie die Schlange-Seite mit einem riesengroßen Rahmen (Auswahlpfeil!) und ziehen Sie diese nach rechts.

Hier eine Linie über den Rand hinausziehen und etwas zu dick zeichnen, denn an dieser Linie wird der Prospekt später schräg abgeschnitten.

Zwei weitere Seiten, die nun gefüllt werden. Hilfslinien geben die Seitenränder an:
10, 90; 110, 190; 210, 290 mm.

Waagerechte Hilfslinien markieren den Bereich für die Textfelder und die Fotos, z.B. bei 10, 70, 80, 135, 150.

Bei 100 und 200 wird der Prospekt gefaltet. Evtl. eine helle, gestrichelte Linie oder nur zwei kurze, helle Linienstücke als Falthilfe bei 100 und 200 zeichnen.

20.1 Bilder einfügen

Fügen wir zuerst die Fotos in die zwei leeren Seiten ein.

➢ Suchen Sie im Internet nach Fotos: einen Internet Browser starten und bei einer Suchmaschine wie www.msn.de oder www.google.de passenden Bilder suchen, z.B. „Urlaub" oder „Tauchen" oder „Skifahren" und zum Reiter „Bilder" oder „Fotos" wechseln.

➢ Geeignete Bilder öffnen, rechte Maustaste/kopieren und im Corel einfügen, ebenfalls mit rechter Maustaste, [Strg]-v oder diesem Symbol:

↳ Wenn Sie die Bilder auf Ihrer Festplatte zwischenspeichern, können Sie diese auf diesen Wegen in CorelDRAW einfügen: mit dem Symbol Importieren, aus Corel Assets oder aus dem Windows Explorer in die Zeichnung ziehen.

➢ Die Größe grob anpassen und hinschieben, dann zuerst links oben an die Hilfslinien andocken und rechts unten die Größe bis zum Hilfslinien-Schnittpunkt ziehen.

↳ Die Größe von Bildern immer nur an den Eckpunkten verändern, weil sonst das Größenverhältnis verzerrt würde. Im Fall des Falles gleich rückgängig oder Bild neu importieren.

Anordnung der Beispielbilder:

Suchen Sie nicht die abgebildeten Beispiel-Fotos, sondern ähnliche im Internet.

Zuerst links oben andocken.

Dann rechts unten bis zum Hilfslinien-Schnittpunkt.

20.2 Bilder schneiden

Meist passt die Größe nicht in unseren Bildbereich. Meist können Fotos nicht einfach verbreitert oder gestaucht werden, da dies das Seitenverhältnis verzerren würde. Dann machen wir das Foto einfach größer und schneiden mit dem Form- und Beschneiden-Werkzeug überstehende Randbereiche weg:

Mit dem Formwerkzeug überstehende Eckenpunkte zu den Hilfslinien-Schnittpunkten ziehen.

Mit Beschneiden schneller möglich: den gewünschten Bildbereich markieren und mit Return bestätigen.

20.3 Mengentext einfügen

➢ Ziehen Sie über dem ersten Bild noch eine Hilfslinie, damit alle Mengentextrahmen auf der gleichen Höhe angeordnet werden, dann dort

einen Mengentextrahmen über die Spalte setzen, die Überschrift schreiben und zentrieren.

Mengentextrahmen können wie Rechtecke an den Anfasserpunkten in der Größe geändert oder verschoben werden.

Ein Mengentextrahmen für den normalen Text. Diesen mit 12 pt und Blocksatz einstellen.

Zwischen Absätzen macht sich ein Absatzabstand positiv bemerkbar. Wie dieser eingestellt wird, sehen Sie im Folgenden.

20.4 Text formatieren und Silbentrennung

Mengentext können Sie ähnlich wie Grafiktext formatieren, nur dass beim Mengentext alle Einstellmöglichkeiten eines guten Textprogramms vorhanden sind. Die meisten Einstellungen finden Sie in der Eigenschaftsleiste.

Zu den weiteren Absatzeinstellungen gelangen Sie mit dem A-Symbol:

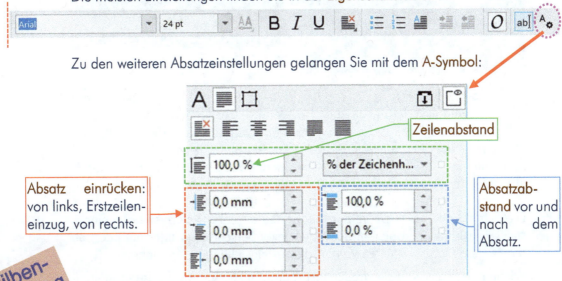

Zeilenabstand

Absatz einrücken: von links, Erstzeileneinzug, von rechts.

Absatzabstand vor und nach dem Absatz.

Silbentrennung

Bei Text/Silbentrennung verwenden (nicht bei Essentials / Home) kann diese aktiviert werden, was besonders bei Blocksatz empfehlenswert ist.

20.5 Seite ergänzen

Die Rückseite wird wie die erste Seite mit Text und Bildern gefüllt, wobei wir eine ganz normale weitere Seite einfügen und später in zwei Etappen drucken: zuerst die Vorderseite, Papier umdrehen und dann die Rückseite, sofern der Drucker nicht automatisch beidseitig drucken kann (duplex).

Ganz links unten können Sie leere Seiten ergänzen:

➤ Ergänzen Sie eine **weitere Seite**. Unten im Seitenmenü können Sie anschließend die Seiten wechseln:

➤ Kopieren Sie die obere **Linie** auf die Rückseite und spiegeln Sie diese.

➤ Weitere Fotos aus dem Internet einfügen, dann **Text** wie abgebildet ergänzen, natürlich zu Ihren Bildern passend.

Suchen Sie passende Fotos und ordnen Sie diese in den Spalten an:

Der Traum vom Fliegen

Raus in die Natur

Gehen Sie in die Luft!
Ob mit dem Gleitschirm, Fallschirm, oder als Passagier im Gleit- oder Fallschirm, bei einer Gleitschirm-Safari, mit dem Heißluftballon, beim Bungeejumping oder Bodyflying.

Mit dem Pferd unterwegs oder mit dem Motorschlitten in Kanada, Deutschland, Österreich, Italien, Frankreich, USA etc.
Klettern, Abenteuercamps, Spelunking (Höhlenforschen) usw.

Die Schriftgröße, -art usw. immer wieder neu einstellen? Vorerst einen eingestellten Textrahmen kopieren, dann den Text überschreiben oder mit **Bearbeiten/„Eigenschaften kopieren von…"** die Texteinstellungen übernehmen.

Wie in einem guten Textverarbeitungsprogramm können wir die Texteinstellungen in einem **Stil** speichern und dann beliebig oft anderen Absätzen zuweisen. Das wird im Fortschrittsband zu Corel vorgestellt.

20.6 Bilder bearbeiten

Im CorelDRAW können Sie bei einem eingefügten Bild mit dem Formwerkzeug die **Ränder abschneiden**, dabei zwei Eckpunkte mit einem Auswahlrahmen markieren, damit nicht schief abgeschnitten wird.

Bei **Effekte/Anpassen** finden Sie Befehle, um die Helligkeit usw. anzupassen sowie bei **Bitmaps** fast alle Effekte aus Corel Photo-Paint. In unserem Buch zu **Corel PHOTO-PAINT** finden Sie eine Beschreibung dieser zahlreichen Effekte für Fotos. Wenn Sie auf einem Bild die rechte Maustaste drücken und Bitmap bearbeiten wählen, wird PHOTO-PAINT gestartet.

> Photo-Paint

Die wichtigen Symbole der Eigenschaftsleiste für Fotos:

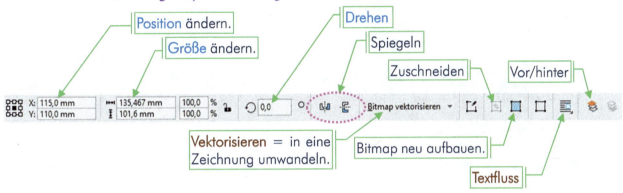

- ♦ **Drehen:** auch Bilder können gedreht werden, was übrigens auch mit der Maus wie bei jedem anderen Element möglich ist.
- ♦ **PHOTO-PAINT** ist das Programm für Fotos. Alle Fotos im Computer sind sogenannte Pixel-Bilder. Darum ist die Bearbeitung ganz anders als im CorelDRAW, so dass ein separates Programm verwendet wird. Mehr zu Corel PHOTO-PAINT in unserem Buch hierzu.
- ♦ **Vektorisieren:** hiermit können Pixel-Bilder in Vektor-Zeichnungen umgewandelt werden, also Fotos in Grafiken, was jedoch meist keine Ergebnisse liefert, die zur Weiterbearbeitung geeignet wären, da zu viele Linien und Wendepunkte entstehen.

Im Menü Bitmaps:

- ♦ **Neu aufbauen:** ein Menü erscheint, in dem Sie die Größe oder Auflösung (=Anzahl der Pixel = dpi = dots per inch) eines Fotos reduzieren können, womit neben der Dateigröße natürlich auch die Qualität (Schärfe) abnimmt. Auch im Menü Bitmaps zu finden.
- ♦ **Bitmap-Maske** (nicht bei **Essentials**, früher Farbmaske): in dem erscheinenden Andockfenster können Sie mit der Pipette Farben aus dem Bild aufnehmen, die anschließend ausgeblendet werden.

> Transparent

  - ✎ Das ist praktisch, um z.B. einen weitgehend einfarbigen Hintergrund auszublenden.
  - ✎ Der umgekehrte Weg, dass die aufgenommenen Farben sichtbar bleiben, ist auch möglich.
- ♦ **Rechte Maustaste/Mengentext umbrechen:** Sie können hier für Grafikelemente oder Fotos auswählen, ob der Text daran außen herumlaufen soll oder darüber weiterläuft (=kein Textfluss), z.B. um ein Foto als Hintergrund zu verwenden.

für Text und
Extrudieren

Symbole anders angeordnet?
Fenster-Arbeitsbereich-
Standard

21. Effekte für Text

Um eine bessere Übersichtlichkeit zu erreichen, beginnen wir mit den Effekten, die hauptsächlich für Text geeignet sind. Weitere Effekte folgen in dem Fortschrittsband.

> Kopieren Sie jeden Beispieltext ein paar Mal, damit Sie genügend Material zum Ausprobieren haben!

21.1 Interaktive Effekte

Die meisten Effekte finden Sie als sogenannte interaktive Menüs links in der Hilfsmittelpalette (links Essentials):

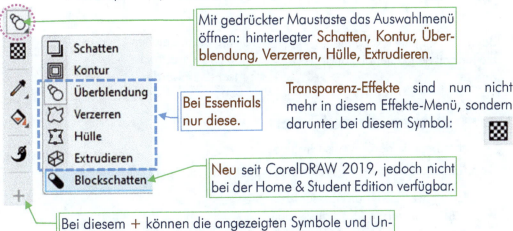

Mit gedrückter Maustaste das Auswahlmenü öffnen: hinterlegter Schatten, Kontur, Überblendung, Verzerren, Hülle, Extrudieren.

Bei Essentials nur diese.

Transparenz-Effekte sind nun nicht mehr in diesem Effekte-Menü, sondern darunter bei diesem Symbol:

Neu seit CorelDRAW 2019, jedoch nicht bei der Home & Student Edition verfügbar.

Bei diesem + können die angezeigten Symbole und Untermenüs ausgewählt, genauer abgewählt werden, da bis auf das letzte Farbauswahl-Symbol alles aktiviert ist.

Bei diesen interaktiven Menüs können Sie die Einstellungen in der Eigenschaftsleiste oder mit gedrückter Maustaste vorgeben.

Die alte Methode mittels eines Befehls bei Effekte ist jedoch für den Anfang zumindest übersichtlicher, da ein Menü geöffnet wird, in dem die Einstellmöglichkeiten klar erkennbar sind.

Wir beginnen darum mit dem Menü Effekte, die interaktiven Befehle werden im Fortschrittsband beschrieben, können jedoch auch, wenn die Funktionsweise der Effekte bekannt ist, ohne Anleitung angewendet werden.

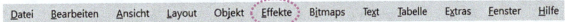

Datei Bearbeiten Ansicht Layout Objekt Effekte Bitmaps Text Tabelle Extras Fenster Hilfe

Ein Beispiel für die interaktiven Effekte und deren Anwendung finden Sie im Kapitel 15 Interaktive Menüs ab Seite 87.

21.2 Buchstaben verschieben

Der leichteste Effekt: Buchstaben können (nur bei Grafiktext) beliebig positioniert werden.

> ➢ Schreiben Sie als Grafiktext Hallo!
>
> ➢ Formwerkzeug wählen und Buchstaben an den Anfasserpunkten verschieben.

Text mit dem Formwerkzeug auseinanderziehen:

Bei mehrzeiligem Text können Sie hiermit den Zeilenabstand ändern.

An diesem Zeichen kann der Text gestreckt oder gestaucht werden.

21.3 Perspektive hinzufügen

> ➢ Schreiben Sie den Text als Grafiktext.
>
> ➢ Wählen Sie: Objekt/Perspektive/Perspektive hinzufügen:

 Corel wechselt automatisch zu dem Formwerkzeug, so dass nun an den Eckpunkten eine Perspektive eingestellt werden kann.

Beachten Sie den Fluchtpunkt, welcher ebenfalls mit der Maus verschoben werden kann.
In diesem Fluchtpunkt laufen die beiden Linien der Perspektive zusammen.

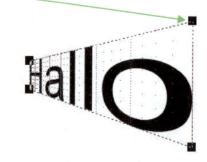

Mit Objekt/Perspektive/Perspektive aufheben können Sie die Perspektive jederzeit wieder entfernen.

> Hinweis: seit CorelDRAW 2019 bei Objekt zu finden, bei vorherigen Versionen war dieser Effekt im Menü Effekte eingeordnet.

21.4 Die Hülle

➢ Schreiben Sie „Trompete" und wählen Sie den Effekt Hülle.

➢ Jetzt können Sie an den **Anfassern** die Hülle umformen.

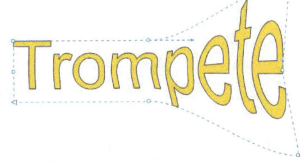

↪ Hinweis: wenn Sie eine gerade Hülle wünschen, können Sie die Wendepunkte in der Mitte löschen.

Weitere Einstellmöglichkeiten finden Sie in der Eigenschaftsleiste:

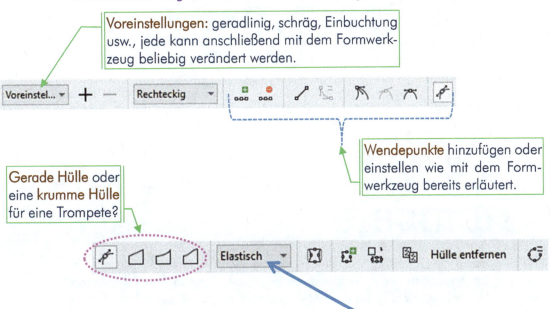

Voreinstellungen: geradlinig, schräg, Einbuchtung usw., jede kann anschließend mit dem Formwerkzeug beliebig verändert werden.

Wendepunkte hinzufügen oder einstellen wie mit dem Formwerkzeug bereits erläutert.

Gerade Hülle oder eine **krumme Hülle** für eine Trompete?

Eine weitere Einstellmöglichkeit gibt es noch, statt Elastisch können Sie umschalten zu:

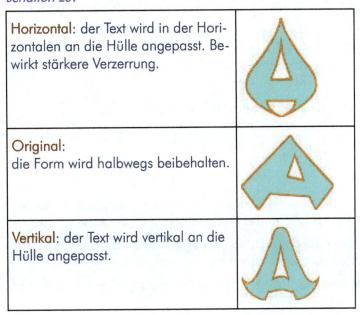

Horizontal: der Text wird in der Horizontalen an die Hülle angepasst. Bewirkt stärkere Verzerrung.	
Original: die Form wird halbwegs beibehalten.	
Vertikal: der Text wird vertikal an die Hülle angepasst.	

21.5 Kontur (nicht bei Essentials)

Hier können wir verschiedenfarbige Stufen um das Objekt herum oder innerhalb dessen erzeugen. Kontur gibt es zweimal im Effekte-Menü, wobei das obere Vektorisierungskonturen enthält, hier also das untere, auch mit [Strg]-[F9] oder bei den Effekten links in der Hilfsmittelpalette!

➢ Neuen Beispieltext markieren, dann Effekte/Kontur:

Mitte, nach innen oder außen.

Schritte = Zahl der Konturen (Streifen).
Abstand = Breite der Streifen.

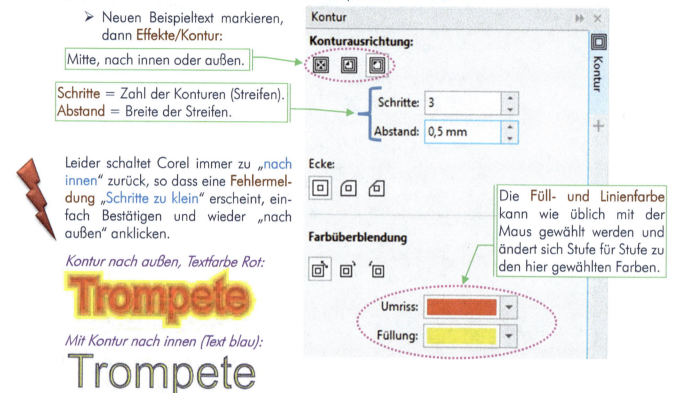

Leider schaltet Corel immer zu „nach innen" zurück, so dass eine Fehlermeldung „Schritte zu klein" erscheint, einfach Bestätigen und wieder „nach außen" anklicken.

Kontur nach außen, Textfarbe Rot:

Trompete

Mit Kontur nach innen (Text blau):

Trompete

- ◆ Zur Mitte: es werden so viele Konturen (Schritte) erzeugt, wie mit der angegebenen Breite (Abstand) hineinpassen. Darum kann die Anzahl der Schritte nicht gewählt werden, sondern nur die Breite.

- ◆ Viele Schritte mit kleinem Abstand führen zu weichen Farbverläufen.

➢ Beginnen Sie mit einer Kontur nach außen, um die Wirkung zu sehen.

Die Farben:

Hier können Sie den Weg durch die Farbscheibe von der Objektfarbe zur Konturfüllfarbe wählen:

Die Farben der Streifen ändern sich von der Füllfarbe des Objekts zu der Füllfarbe, die im obigen Konturmenü ausgewählt wurde. Dies gilt auch für die Linienfarbe.

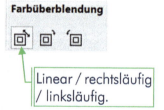

Linear / rechtsläufig / linksläufig.

Mögliche Probleme:

- ◆ Konturen nach innen gehen scheinbar nicht, wenn der Abstand zu groß eingestellt ist! Auch eine zu dicke Linie macht die Füllfarbe unkenntlich.

  - ↳ Ggf. mit einer Kontur nach außen beginnen, um die Breite der Streifen erkennen zu können, dann nach innen probieren.

  - ↳ Möglichst stark vergrößern, um die Wirkung zu sehen, vor allem bei einer Kontur nach innen.

22. Extrudieren

Endlich! Der klassische Effekt. Wir gehen der Reihe nach die umfangreichen Einstellmöglichkeiten durch.

➢ Schreiben Sie den Beispieltext EX, sehr große Schrift einstellen und für Übungsmaterial mehrmals kopieren.

> Das Menü **Effekte/Extrudieren** ist erst verwendbar nachdem mit dem Extrudieren-Symbol bei gedrückter Maustaste einem Objekt eine Extrusion zugewiesen wurde.

22.1 Die Tiefe der Extrusion

Zunächst stellen wir die Tiefe der Extrusion ein.

➢ Links bei den Effekten zur Extrusion umschalten, dann mit gedrückter Maustaste vom Objekt EX weg die Extrusion vorgeben:

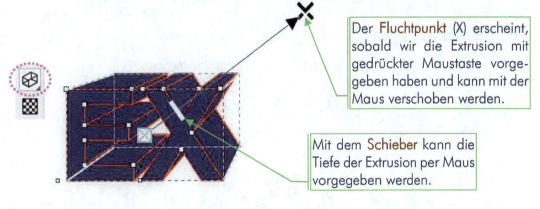

Der Fluchtpunkt (X) erscheint, sobald wir die Extrusion mit gedrückter Maustaste vorgegeben haben und kann mit der Maus verschoben werden.

Mit dem Schieber kann die Tiefe der Extrusion per Maus vorgegeben werden.

Die Einstellungen in der Eigenschaftsleiste:

Die Perspektive ist sehr entscheidend: üblich ist „Klein hinten" (= nach hinten kleiner werdend), was eine räumliche Wirkung ergibt!

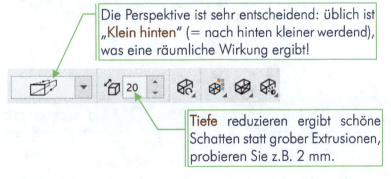

Tiefe reduzieren ergibt schöne Schatten statt grober Extrusionen, probieren Sie z.B. 2 mm.

Mit Farbe ist die Extrusion erst besonders schön – folgt sofort.

22.2 Die Farbe

Extrusionen werden nur mit Farben richtig schön.

♦ Aus der Farbpalette mit der linken Maustaste die **Füllfarbe**, mit der rechten die **Linienfarbe** wählen, zusätzlich lässt sich in der Eigenschaftsleiste bei diesem Symbol die Farbe für die extrudierte Flache einstellen:

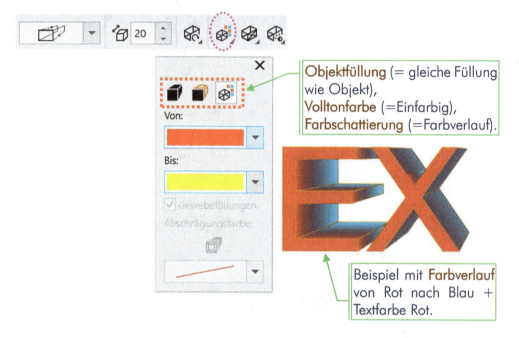

Objektfüllung (= gleiche Füllung wie Objekt), **Volltonfarbe** (=Einfarbig), **Farbschattierung** (=Farbverlauf).

Beispiel mit **Farbverlauf** von Rot nach Blau + Textfarbe Rot.

➢ Probieren Sie einen **Farbverlauf** und stellen Sie zwei verschiedene Farben ein, zusätzlich Objektfarbe passend wählen und Linienfarbe.

22.3 Die Drehung

Bei diesem Symbol können Objekte beliebig gedreht werden:

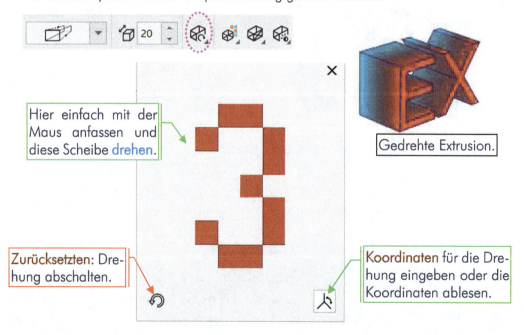

Hier einfach mit der Maus anfassen und diese Scheibe **drehen**.

Gedrehte Extrusion.

Zurücksetzten: Drehung abschalten.

Koordinaten für die Drehung eingeben oder die Koordinaten ablesen.

22.4 Licht und Schatten

Bei wirklichen Gegenständen gibt es immer Licht und Schattenseiten. Dafür können wir im Corel bis zu drei Lampen setzen, die unser Objekt nicht nur beleuchten, sondern auch die Schattenseiten erzeugen. Wichtig: jede dieser Lampe kann in der Leuchtkraft reguliert werden.

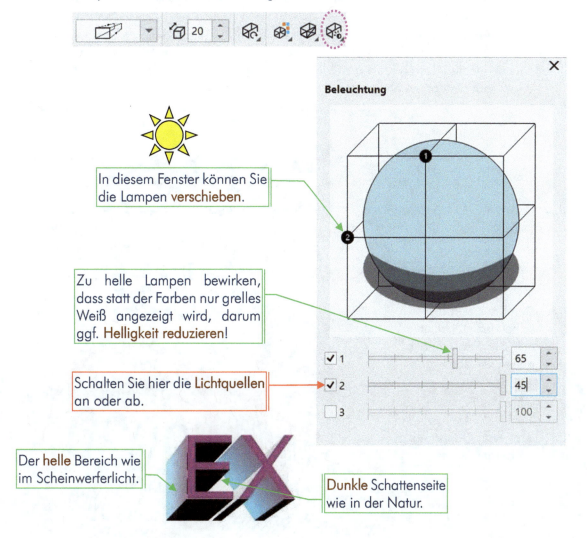

In diesem Fenster können Sie die Lampen verschieben.

Zu helle Lampen bewirken, dass statt der Farben nur grelles Weiß angezeigt wird, darum ggf. Helligkeit reduzieren!

Schalten Sie hier die Lichtquellen an oder ab.

Der helle Bereich wie im Scheinwerferlicht.

Dunkle Schattenseite wie in der Natur.

22.5 Abschrägen

Hier können scharfe Kanten durch abgeschrägte Flächen ersetzt werden, was bei allen natürlichen Gegenständen der Fall ist, so dass die Objekte noch realitätsgetreuer werden.

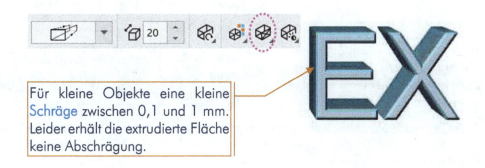

Für kleine Objekte eine kleine Schräge zwischen 0,1 und 1 mm. Leider erhält die extrudierte Fläche keine Abschrägung.

22.6 Ein Titelblatt

Letzte Übung, eine Kleinigkeit: ein Titelblatt für ein Buch.

➤ Neue Übung im Buchformat z.B. 23,5x17cm, Gitter aktivieren und Hilfslinien als Seitenrandbegrenzungen hinziehen,

➤ schreiben Sie jede Textzeile separat, dann an den Hilfslinien links und rechts ausrichten.

➤ Anschließend erste Zeile extrudieren, nächste Zeile markieren und mit Objekt/Effekt klonen/Extrusion von… die Extrusion der ersten Zeile übernehmen. Durch Klonen werden Änderungen des Originals automatisch auf die Kopien übertragen.

Den Kreis extrudieren, dabei den Fluchtpunkt mit der Maus nach außen schieben.

Abschließend ein weißes Rechteck darüberlegen, um den Überstand zu verbergen.

Text mit dem Effekt Hülle an die Trompete anpassen.

Rechteck hinter Text setzen, Eckenrundung in der Eigenschaftsleiste und im Linienmenü eine dicke, gestrichelte Linie einstellen.

Diesen Text separat schreiben, damit eine eigene Hülle wie abgebildet eingestellt werden kann.

➤ Erst ganz am Schluss ein Rechteck über die ganze Seite ziehen, dem die Farbverlaufsfüllung zugewiesen wird. Abschließend dieses Rechteck nach hinten setzen.

22.7 Abschlussübung Extrudieren

Probieren Sie folgendes:

➢ Zuerst Papierformat geeignet einstellen (wie groß soll es später ausgedruckt werden?), dann die beiden Texte schreiben,

➢ drehen und 2021 extrudieren.

➢ Wenn die Extrusion stimmt, den anderen Text markieren und Objekt/Ef-
fekt kopieren/Extrusion…, dann die extrudierte Fläche anklicken.

↳ Damit hat der andere Text die gleiche Extrusion, ggf. die Tiefe der
Extrusion reduzieren, da die Schriftart kleiner ist.

➢ Abschließend ein Rechteck so groß wie die Seite zeichnen, mit konischer
oder radialer Farbverlaufsfüllung versehen und nach hinten setzen.

> Die Sterne wurden mit dem Vieleck gezeichnet, dann ein hinterlegter Schatten, der versetzt wurde, ergänzt.

22.8 Zusammenfassung Schatten

♦ Bei der obigen Übung haben wir einen räumlichen Schatten durch eine
Extrusion erstellt.

♦ Denken Sie auch daran, dass Sie mit Fenster/Andockfenster/Ändern eine
minimal verschobene Kopie erstellen können (s. S. 55).

↳ Wenn Sie dieser Kopie eine andere Farbe zuweisen, entsteht ein schöner Schatten.

Bei Essentials nicht verfügbare Schatteneffekte:

♦ Einen verlaufenden Schatten können Sie mit dem Effekt „hinterlegter
Schatten" erstellen, der auf Seite 84 beschrieben wurde.

♦ Selbstverständlich könnte auch der Effekt Kontur verwendet werden, um
einen weich verlaufenden Schatten zu erzeugen.

22.9 Übersicht Grundlagen

Grundlagen:

➲ In Ordner + Unterordner aufgeräumt speichern und regelmäßig sichern!

➲ Die wichtigen Programme:
- Draw (cdr): Vektor = Linien, Formeln, für Präsentationen, Titelblätter, Werbeanzeigen usw., Kombination aus Bildern, Grafiken und Text.
- PHOTO-PAINT (cpt): Pixel = Punkte für Fotos und Bildbearbeitung.
- Weitere: Capture (Fotos vom Bildschirm erstellen), Assets (hieß früher „Connect") zur Anzeige von ClipArts usw.

➲ Markieren mit dem Auswahlpfeil / Farben aus der Farbpalette / Füllungen beim Farbeimer-Symbol einstellen / Rechtecke, Ellipsen, Vielecke / Zoom / Gruppieren oder Kombinieren / Fotos oder ClipArts einfügen / Kurvenbearbeitung usw.

22.9.1 Shortcuts:

Allgemein:

[F1]	Hilfe
[Strg]-z	Rückgängig
[Strg]-p	Drucken
[Strg]-x	Ausschneiden
[Strg]-c	Kopieren
[Strg]-v	Einfügen

CorelDRAW-Shortcuts:

[Alt]-y	An Gitter ausrichten
[Strg]-a	Alles markieren
[Strg]-g	Gruppieren
[Strg]-u	Gruppierung aufheben
[Strg]-L	Kombinieren
[Strg]-K	Kombination aufheben
[Umschalt]-[Bild nach oben/unten]	Markiertes Objekt nach vorn/hinten setzen
[Strg]-t	Text Menü
[Strg]-F11	Symbole einfügen

Zoom:

[F2]	Zoom mit Maus
[F3]	Ansicht verkleinern
[F4]	Zoom auf vorhandene Objekte
[F9]	Ganzseitenvorschau (zurück mit [Esc])

Zeichnen:

[F5]	Freihandlinie zeichnen
[F6]	Rechteck zeichnen
[F7]	Ellipse/Kreis zeichnen
[F8]	Textwerkzeug

23. Stichwortverzeichnis

LINDEMANN GROUP © DIPL.-ING. (FH) PETER SCHIEßL